LE
MARIAGE
AUX ÉCUS

PAR

MAXIMILIEN PERRIN

2

PARIS

ALEXANDRE CADOT, ÉDITEUR

37, rue Serpente

1857

LE MARIAGE AUX ÉCUS

Ouvrages du marquis de Foudras.

Un amour de Vieillard.	3 vol.
Les Veillées de Saint-Hubert.	2 vol.
Aventures de M. le Baron (tomes 3, 4 et derniers).	2 vol.
Un grand Comédien.	3 vol.
Un Drame en Famille.	5 vol.
Suzanne d'Estouville in-18 (for. Charp.).	2 vol.
Le chevalier d'Estagnol.	6 vol.
Diane et Vénus.	4 vol.
Madeleine Repentante.	4 vol.
Un Caprice de grande dame (for. Charp.)	3 vol.
Un Capitaine de Beauvoisis.	4 vol.
Jacques de Brancion.	5 vol.
Les Gentilshommes chasseurs.	2 vol.
Les Viveurs d'autrefois.	4 vol.
Madame de Miremont.	2 vol.
Lord Algernon (suite de *Mad. de Miremont*)	4 vol.
Le capitaine Lacurée.	4 vol.
La comtesse Alvinzi.	2 vol.
Tristan de Beauregard (in-18 for. Charp.)	1 vol.
Les Hommes des Bois.	2 vol.
Le Beau Favori.	3 vol.
Le bonhomme Maurevert.	2 vol.

Ouvrages de G. de la Landelle.

Le Château de Noirac.	2 vol.
L'Honneur de la Famille.	2 vol.
Les Princes d'Ebène.	5 vol.
Falkar le-Rouge (suite aux *Princes d'Ébène*).	5 vol.
Le Morne aux Serpents.	2 vol.
Les Iles de Glace.	4 vol.
Une Haine à bord.	2 vol.
L'Eau et le Feu.	2 vol.
Les deux Routes de la Vie.	4 vol.
La meilleure part.	4 vol.
Dernier (le) des Flibustiers.	5 vol.

Ouvrages d'Adrien Robert.

Lord (le) de l'Amirauté.	3 vol.
Le Mauvais Monde.	2 vol.
Jean qui pleure et Jean qui rit.	2 vol.
Les Amours mortels.	2 vol.
Les Diables roses.	4 vol.

Fontainebleau, imp. de E. Jacquin.

LE
MARIAGE
AUX ÉCUS

PAR

MAXIMILIEN PERRIN

2

PARIS
ALEXANDRE CADOT, ÉDITEUR
37, rue Serpente
1857

1

Déception.

Une grande activité régnait dans la demeure de nos jeunes artistes, car c'était le lendemain que devait se célébrer le mariage de Gilbert et d'Alice. La cérémonie devait se faire sans bruit ni ostentation ; quelques amis intimes, conviés en qualité de témoins, au retour de l'église, un déjeûner chez les mariés, et le soir une loge à l'Opéra : c'était Louison qui, en qualité de cordon-bleu, s'était chargée d'organiser et de confectionner le repas, aussi s'était-elle emparée dès la veille de la cuisine de nos deux amis, où à ce moment elle régnait en souveraine, ayant sous ses ordres deux marmitons qu'elle avait recrutés dans le quartier, en qualité d'aides de service. Plus loin au cinquième étage de la maison voisine, ce jour-là tout respirait la joie et le bonheur; Gilbert, se reposant du soin des dernières démarches à faire sur l'amitié et le zèle de Richard. Gilbert donc était chez Alice, auprès de qui il roucoulait de douces paroles, qu'il entretenait de leurs projets à venir, tout en regardant ses doigts roses et affilés qui confectionnaient un gracieux fichu, nécessaire à la blanche toilette du lendemain.

— Ainsi, c'est demain que tu vas m'appartenir, chère et bien aimé Alice; oui, demain, qu'il me sera permis de te presser sur mon cœur, de t'inonder de mes brûlantes caresses, sans craindre d'alarmer ta rigide vertu. Alice, allons-nous être heureux! comme je vais avoir du cœur à l'ouvrage lorsque tu seras près de moi, et que dans tes beaux yeux je puiserai l'inspiration. En vérité, je crois qu'alors mes pinceaux enfanteront des chefs-d'œuvre.

— Gilbert, nous aurons une tâche à remplir, celle de consoler, s'il se peut, notre cher Richard, si douloureusement affecté en ce moment, si désespéré de la perte de ses chères amours, de celle d'Hélène qu'il aimait tant, et pourtant sans espoir.

— Oh! cette femme! avoir accepté pour époux un Gaston, un fat! s'était écrié Gilbert avec dépit.

— Gilbert, ce M. Gaston serait-il un méchant homme, capable de rendre sa femme malheureuse? fit Alice avec inquiétude.

— Je puis me tromper, mais il m'inspire peu de confiance. Enfin, je ne sais d'où provient cette prévention, mais cet homme m'est antipathique.

— On aime ou l'on hait souvent sans raison, Gilbert, dit la jeune fille.

Ainsi causaient nos amoureux afin de tuer le temps, qui, ce jour-là, leur semblait ong comme un siècle. Ce fut fort avant dans la soirée et pour laisser reposer sa jolie future, que Gilbert pensa à quitter la chambrette en soupirant, pour regagner sa demeure, où cette fois encore, et à sa grande surprise, il trouva Fœdora qui l'attendait de pied ferme, et l'accueillit en lui souriant. Gilbert, contrarié de l'obstination que cette dernière mettait à le poursuivre, et qui s'attendait à de nouvelles plaintes de sa part, ne se sentant pas la force de dissimuler son mécontentement, lui adressa la parole d'un ton brusque et colère pour lui demander ce qu'elle venait faire chez lui à pareille heure.

— Vous rendre un immense service, mon beau marié, et vous éviter de faire une sottise dont vous tarderiez peu à vous repentir et à vous mordre les doigts, répliqua Fœdora avec gaîté.

— Vous, me rendre un service ? En tout cas, Fœdora, dans la disposition d'esprit où je vous sais en ce moment à mon égard, le service dont vous voulez parler ne peut être qu'une perfidie enfantée par le dépit. N'importe ! parlez, disait Gilbert en se jetant sur un siége auprès duquel vint s'asseoir Fœdora.

— Que vous êtes injuste et méchant à mon égard, Gilbert!... Voilà donc le lot de nous autres pauvres femmes, quand le malheur veut que nous aimions les dernières ; chez vous, l'amour devient de la haine, et les moindres actions provenant de l'intérêt que nous vous portons encore, autant d'importunités que vous interprétez à mal.

— Soyez à votre tour moins sévère envers moi, ma chère, qui ne demande pas mieux, en cessant d'être votre amant, de rester votre meilleur ami, si vous consentez sagement à accepter ce titre... Mais revenons à ce grand service en question : de quoi s'agit-il ?

— Mon cher, de vous prouver clair comme le jour que vous êtes une dupe.

— En quoi, s'il vous plaît ?

— Que vous êtes le jouet d'une coquette, enfin que votre vertueuse Alice n'est autre que la maîtresse abandonnée d'un nommé Delmare.

— Vous mentez, infâme ! s'écria Gilbert en bondissant de son siége dans la chambre.

— Fort bien ! je m'attendais à cette explosion qui ne m'effraie nullement et ne m'empêche pas de soutenir le fait que j'avance, et dont il vous sera facile d'obtenir la preuve si vous consentez à m'entendre jusqu'au bout.

— Encore une fois, vous mentez, vous dis-je, en osant calomnier la sagesse et la vertu !

— Mon bon, c'est, dit-on, demain à midi que vous devez prononcer le oui solennel, eh bien ! je vous conseille avant la cérémonie de faire une ascension sur la butte Montmartre, pour aller sonner à la grille d'une certaine villa dont voici l'adresse sur ce papier ; puis ensuite de vous informer auprès du propriétaire de la cause qui l'a forcé de renvoyer de sa maison la demoiselle Alice Leroux, maîtresse de piano, qui y occupait il y a quatre mois un petit appartement à l'entresol, dans le pavillon à gauche du jardin. Cet homme, ainsi que tous les habitants de cette demeure, vous répondront que ladite Alice recevait la nuit son amant, lequel, afin d'échapper aux regards de la vieille Louison, entrait sans façon par la fenêtre que la belle avait soin de laisser ouverte.

— C'est impossible, impossible, vous dis-je! s'écriait Gilbert, pâle, tremblant, la tête perdue, en marchant à grands pas dans la chambre.

— Impossible ! pourquoi ? Cette fille serait-elle la première hypocrite qui ait trompé un amant crédule?... Au surplus, ce que je vous dis m'a été dit et confirmé par cent bouches, et cela au bal de noce de mademoiselle de Bréville, où chacun jasait sur votre mariage, et blâmait votre choix.

— Fœdora, vous me trompez, vous me faites un mal affreux! malheur, malheur à vous qui torturez mon cœur sans pitié! oh oui! malheur, car je vous rendrai au centuple, misérable femme, tout le mal que vous me faites endurer.

— Ce sera justice si je vous trompe, Gilbert, en cas contraire et en échange du bon service, je compte sur votre bonne amitié... Maintenant, informez-vous, soyez prudent, bonne nuit et au revoir, mon bon.

Cela dit, Fœdora s'étant levée, fit de la main un geste d'adieu et le sourire de l'ironie sur les lèvres, gagna la porte et disparut. Gilbert resté seul, tombe anéanti sur un siége, prit sa tête dans ses deux mains, puis s'écria, après quelques instants d'un silence douloureux :

— Non, non, cela est impossible! Elle si belle, si naïve; elle, chez qui se révèle la vertu la plus pure, ne serait qu'une infâme hypocrite, une fille perdue, la maîtresse délaissée d'un libertin... Mon Dieu, mais cela ne peut être, cette femme a menti, cent fois menti... Alice, indigne de mon amour, Alice, une fille méprisable, allons donc!.. Delmare, a dit Fœdora... oh! malheur à cet homme! malheur!

Le jour naissant, celui qu'il attendait depuis trois semaines avec tant d'impatience, celui qui devait être, disait-il, le plus beau de sa vie; ce jour enfin, à son aurore surprit Gilbert à la même place, Gilbert pâle, en proie à des tourments affreux; Gilbert qui, fou de douleur, s'élança hors de sa demeure pour diriger ses pas vers Montmartre, et franchir cette butte avec la rapidité de l'éclair.

— C'est ici, murmura-t-il tout palpitant en s'arrêtant devant la grille de la villa que lui avait indiquée Fœdora.

Tout le monde dort dans cette maison, car il n'est encore que quatre heures, n'importe, Gilbert impatient n'en agite pas moins la cloche à grand bruit. Une longue attente durant laquelle le jeune homme ne cesse de sonner, puis apparaît le concierge en négligé du matin, accourant de toute la vitesse de ses jambes de soixante ans, le quel, armé d'un regard foudroyant, s'informe auprès de Gilbert de quel droit il se permet d'éveiller toute une maison, en faisant un carillon aussi infernal.

— Je veux parler au propriétaire de cette maison : ouvrez vite, je suis pressé.

— Monsieur n'est pas encore éveillé, revenez plus tard.

— Je ne puis ni revenir ni attendre, car il s'agit d'une affaire aussi pressée qu'elle est importante... Tenez, mon cher, prenez cela et courez éveiller votre maître, reprit Gilbert en jetant au cerbère, à travers la grille, une pièce d'or de vingt francs, dont la vue produisit un effet magique en métamorphosant le pipelet en serviteur gracieux et docile.

— Donnez-vous donc la peine d'entrer,

mon cher monsieur, et de vous promener dans le jardin pendant que j'irai prévenir monsieur mon propriétaire de votre honorable visite... Monsieur viendrait-il par hasard pour louer un appartement? En ce cas, je pourrais en montrer plusieurs à monsieur.

Ainsi disait l'homme avec force salutations, le bonnet de coton à la main, en introduisant Gilbert.

— Répondez-moi d'abord : vous avez eu pour locataire une jeune fille nommée Alice Leroux?

— Oui, monsieur, laquelle a quitté la maison le terme dernier.

— Pourquoi l'a-t-elle quittée?

— Parce que mon propriétaire s'est vu contraint de lui donner congé, ne désirant avoir pour locataires que des gens paisibles et de bonnes mœurs.

— Cette demoiselle Leroux ne remplissait donc pas ces conditions ?

— Non, certes ! la malheureuse ! fit lamentablement le pipelet.

— Que lui reprochait-on ? Parlez sans crainte, je vous récompenserai, surtout la vérité, rien que la vérité, dit Gilbert d'un ton sérieux.

— Monsieur, les Fromageo, qui est mon nom, sont concierges de père en fils depuis soixante ans, et chacun peut vous assurer que la calomnie ne souilla jamais leurs lèvres... Je vous dirai donc que ladite demoiselle, qui n'était autre qu'une petite sainte Nitouche, scandalisait nos locataires par son immoralité ; qu'elle recevait chez elle des hommes la nuit, lesquels galants, non contents d'entrer le jour par la porte, s'introduisaient la nuit dans sa chambre par la fenêtre.

— Tu mens, misérable! avoue que tu calomnies une fille innocente, et qu'on t'a payé pour commettre cette lâche action! s'écria Gilbert, fou, les yeux hors de la tête, en jetant ses mains au cou du cerbère pour l'étrangler.

— Au secours... vous... vous m'étouffez, râlait le malheureux en se débattant.

— Tu as raison, je suis un fou! ma tête se perd... Prends ceci et conduis-moi chez le propriétaire, reprit Gilbert après avoir lâché prise, en donnant une seconde pièce d'or au malheureux qui, plus rouge qu'un coq de bruyère, essayait de reprendre sa respiration qu'avait interrompue l'action brutale du jeune homme.

— Vous êtes un tant soit peu emporté, mon cher monsieur, mais vous possédez certaines manières de réparer ce petit défaut de nature auxquelles on ne peut résister... Je vais donc prévenir mon maître, veuillez attendre.

Cela dit, le cerbère s'éloigna en courant, sans doute pour éviter d'autres questions, laissant Gilbert au milieu du jardin, Gilbert, tombé subitement dans un anéantissement mortel, et les yeux noyés de larmes abondantes. Ce fut en cet état que le retrouva le vieux portier qui venait le prévenir que M. Galoubet, le propriétaire, consentait à le recevoir, et qu'il était chargé de l'introduire auprès de lui.

Gilbert suit le pipelet qui le conduit à l'appartement dudit vieux Galoubet, où celui-ci l'attendait pour lui donner audience.

— Vous m'excuserez, monsieur, de venir troubler votre repos d'aussi grand matin, mais les informations que je désire obtenir de vous...

— Je sais, Fromageot vient de m'en dire deux mots : c'est au sujet de la demoiselle Leroux, n'est-ce pas ?

— Oui, monsieur, et ces informations sont d'une telle importance pour moi, que j'ai pensé ne pouvoir mieux m'adresser qu'à vous pour les obtenir franches, sincères et dictées sans haine par la bouche d'un homme honnête.

— C'est justement parce que je suis un

honnête homme, mon cher monsieur, que je n'ai pas voulu garder dans ma maison une petite femme dont l'inconduite scandalisait tous mes locataires : une drôlesse qui, à la face de la lune et de ses voisins, introduisait des amants par sa fenêtre.

— Monsieur, êtes-vous bien certain de ce que vous avancez là ? interrogea Gilbert d'une voix tremblante.

— Comment, si j'en suis certain ? oui, certes ! car de mes propres yeux, je soutiens et j'affirme avoir vu entrer chez elle le soir un beau et élégant jeune homme, et vu de même en sortir le matin comme la cinquième heure sonnait à Saint-Pierre-Montmartre.

Gilbert ne peut plus douter, étourdi, brisé par l'indignation et la douleur, il se sent mourir et n'a que le temps de tomber en larmes sur une chaise.

— Qu'avez-vous, jeune homme ? seriez-vous indisposé ? s'empressa de demander M. Galoubet en s'approchant vivement de Gilbert que le désespoir suffoquait.

— Je suis le plus malheureux des hommes ! L'infâme ! me tromper de la sorte... Elle que je croyais la vertu même, que j'adorais ! à qui j'étais près de donner mon nom ! Malheur ! malheur !

En disant ainsi dans le paroxysme de sa douleur, Gilbert versait un torrent de larmes.

— Quoi ! vous vouliez épouser cette luronne-là ! Eh bien ! mon jeune ami, vous eussiez fait une fameuse boulette, reprit Galoubet ; allez, allez, la donzelle ne mérite pas que vous vous désespériez de la sorte, une fille de rien, qui peut-être bien vous aurait fait papa cinq mois après la noce... Je crois, moi, que vous méritez mieux que ça. Or, séchez vos larmes, oubliez cette fille, et vive la joie !

Gilbert a repris ses sens, il se lève brusquement, prend congé du propriétaire et quitte la villa pour regagner Paris, sa demeure, où il s'empresse d'une main tremblante de saisir la plume pour tracer ces lignes :

« Vous êtes une infâme ! Souvenez-vous
» de la villa Montmartre. Je sais tout et
» vous méprise. Ne comptez plus sur moi.

» Gilbert. »

Après avoir écrit ces mots, le jeune homme plia le papier qu'il adressa à mademoiselle Alice Leroux, puis de nouveau, il quitta son domicile pour s'élancer au hasard dans la ville.

Dix heures sonnaient aux horloges, tandis que s'achevait dans la mansarde la toilette de la mariée à laquelle aidaient Louison et la couturière qui avait confectionné la robe.

Déjà le bouquet de fleurs d'oranger ornait la belle chevelure d'Alice dont le charmant visage était rayonnant de joie et de bonheur.

— Etes-vous jolie à croquer ainsi parée! exclama Louison en admiration devant la jeune fille.

— Tu me trouves bien, ma chérie? tant mieux! car alors je plairai encore plus à ce bon Gilbert, répondit Alice.

— Qui en ce moment se fait aussi le plus beau possible, pour être agréable à sa charmante petite femme... Dieu de Dieu! quel gentil couple vous allez faire ensemble! serez-vous heureux, mes chers enfants!

— Je le crois, Louison, Gilbert est si bon, il m'aime tant!... combien dois-je remercier Dieu qui, pour me consoler de mes malheurs passés, me donne aujourd'hui pour mari le meilleur des hommes.

— Voilà une toilette charmante et entièrement terminée, mademoiselle, il n'y a plus qu'à attendre le marié, fit la couturière en attachant la dernière épingle.

— Ah çà! voilà la demie de dix heures et le maire doit nous marier à onze; il me semble que M. le marié et son garçon d'honneur, M. Richard, sont en retard... Si j'allais voir et presser un peu la toilette de ces coquets-là, qui mettent plus de temps à s'habiller qu'une femme n'en met pour se parer de la tête aux pieds.

— Tu as raison, Louison, descends les prévenir que je suis prête et que je les attends.

Comme Louison ouvrait la porte pour s'en aller, le concierge se présentait et remis une lettre adressée à mademoiselle Alice Leroux.

— Qui peut m'écrire ? fit Alice en prenant la lettre pour l'ouvrir aussitôt, en parcourir le contenu en pâlissant, puis pousser un cri déchirant en tombant inanimée sur le carreau de la chambre.

II

Le Château et l'Hôpital

Sur la vieille route de Saint-Germain-en-Laye, au-dessus de Marly, sur la rive droite de la Seine et à l'extrémité d'une longue avenue bordée de peupliers d'Italie, se trouve situé un élégant château aux blanches murailles, encadré dans le massif feuillage d'arbres centenaires, ce riche et champêtre domaine, orné de magnifiques jardins, de vertes pelouses, de ruisseaux dont la pente facile envoie les eaux dans un immense étang, possède en plus un parc immense peuplé d'un abondant gibier que retient captif dans l'épaisseur des bois, la haute muraille circulaire qui clôt de toute part cette vaste propriété, dans laquelle, par une ravissante matinée de printemps, sur un banc situé au milieu d'un parterre de fleurs, deux femmes étaient assises et causaient intimement : l'une était Hélène de Rieux, l'autre madame de Bréville.

— Que vous êtes aimable et bonne, chère mère, d'être venue me voir, me surprendre aussi agréablement, disait Hélène joyeuse;

en entourant sa mère de ses bras caressants.

— Chère enfant, aussitôt après avoir reçu ta lettre qui m'annonçait l'absence de ton mari, je me suis mise en route et me voilà, fit madame de Bréville en embrassant sa fille.

— Hélas! qui eût dit qu'à peine marié, mon mari se brouillerait avec vous et que ma mère qui par droit devrait occuper la première place chez moi, serait contrainte de n'y venir qu'en cachette et en l'absence de mon mari.

— Chère enfant, je consens à pardonner de grand cœur l'injustice de Gaston à mon égard, s'il te rend heureuse et puisque nous sommes seules, ouvre sans crainte ni détour ton cœur à ta mère... Réponds, Hélène, Gaston a-t-il pour toi tout l'amour et les égards d'un bon mari ?

— Oui, je n'ai point à m'en plaindre, d'ailleurs, ma mère, je ne suis pas de l'humeur de ces femmes timides et faciles courbant la tête sous l'injuste volonté d'un époux; la mienne est assez ferme, Dieu merci! pour résister à l'oppression, si jamais mon mari s'avisait de jouer avec moi du tyran.

— Je te félicite, chère petite, de ce brave courage, qui cependant t'a fait défaut lorsque Gaston, il y a cinq mois, a fait la folie d'acquérir cette propriété princière et sans aucun rapport, en dépit de ta volonté et de mes conseils, riche bijou, il est vrai, mais dont la valeur absorbe la majeure partie de votre revenu.

— Vous avez raison, c'est une grande folie que Gaston a faite, mais il aime le luxe, la campagne, la chasse... Ensuite, mère, il a payé, dit-il, cette propriété, un tiers en moins de sa valeur, et il prétend encore, que s'il lui prend un jour la fantaisie de s'en défaire, il réalisera un fort bénéfice.

— Recevez-vous beaucoup de monde ici? s'informa madame de Bréville.

— Non, jusqu'alors, quelques anciennes connaissances de Gaston, gens sans importance, qui viennent ici plus pour Julian que pour nous personnellement. Un monsieur Veauluisant et sa femme, riches propriétaires qui, pour se rapprocher de M. de Langenais, leur ami et notre commensal, ont loué une petite maison située à un quart de lieue d'ici, puis encore, ce qui est plus agréable, MM. Gilbert et Richard, ces deux jeunes artistes qui nous été présentés à Paris, et sont venus passer la belle saison dans ce pays.

— Ces deux jeunes gens sont-ils venus ici d'eux-mêmes?

— Oh! il n'y a pas de danger; trop fiers et délicats pour user d'une pareille liberté, il n'a fallu rien moins que les fréquentes visites que leur a faites Gaston, pour les engager à venir nous voir à leur tour, et encore n'y a t-il que M. Richard qui vient ici assez souvent, quant à son ami, à peine remis d'une longue et douloureuse maladie, nous ne recevons sa visite que très rarement. Ce pauvre jeune homme encore faible, souffrant, et en proie à une profonde tristesse semble ne se plaire que dans la solitude, où il se livre sans relâche au travail.

— Et c'est pour recevoir aussi mince société que Gaston a fait emplette de ce vaste château ? observa en souriant madame de Bréville.

— Patience, bonne mère, car nous comptons la recevoir bonne, belle et nombreuse, et cela très incessamment, pensez donc, mère, que nous sommes à peine installés.

— A propos, il paraît que M. de Langenais est devenu votre inséparable, et qu'il habite avec vous ce château ?

— Oui, chère mère, en qualité d'ami de Gaston.

— Triste chose pour une femme de ton

âge, que d'être continuellement en présence d'un moribond.

— Chère mère, vous n'avez pas toujours pensé ainsi à l'égard de M. Julian, observa malicieusement Hélène.

— C'est possible, mais alors Julian était un cavalier plein de vigueur et d'amabilité, tandis qu'aujourd'hui ce n'est plus que l'ombre d'un homme qui s'éteint d'instant en instant. Franchement, je me sens peu disposée en faveur des amoureux impotants, aussi comme je me souciais peu de m'instituer garde-malade à perpétuité, ai-je préféré retirer la parole que j'avais eu la faiblesse de me laisser arracher pour garder mon titre de veuve et mon indépendance.

— Aussi, ce pauvre M. Julian en a-t-il

ressenti un profond chagrin. Il vous aimait tant!

— Et moi, je suis persuadée que ce qu'il a le plus regretté est ma fortune qu'il convoitait avec plus d'amour encore que ma personne.

— Chère mère, ce que vous dites là fait naître en moi une bien triste réflexion... si Gaston avait eu la même pensée?

— Je ne le juge pas ainsi, ou alors il m'aurait bien trompée.

A ce moment, un valet vint interrompre l'entretien de la mère et de la fille, pour annoncer M. Richard, lequel, sur l'invitation d'Hélène, tarda peu à venir les saluer.

— Ah! madame de Bréville! quel heureux hasard, fit le jeune homme en souriant à la dame.

— Celui qui en éloignant le gendre permet à la belle-mère de venir embrasser sa fille, répliqua madame de Bréville.

— Ah! chère mère, que dites-vous, lorsque Gaston serait heureux, j'en suis certaine de vous recevoir et de vous compter parmi nous... Monsieur Richard, soyez le bien venu... asseyez-vous là, puis, donnez-nous des nouvelles de votre ami, de ce bon et aimable M. Gilbert, dit gaîment Hélène, en indiquant une place sur le banc à côté d'elle, laquelle notre statuaire s'empressa d'accepter.

— Merci, madame, de votre doux intérêt, mon cher Gilbert, grâce aux soins que nous prenons de sa personne, se ressuscite de jour en jour. L'air de ce pays lui est on ne peut plus favorable, et je me félicite de l'y avoir amené.

— Vous allez me trouver bien curieuse, et même indiscrète, mais serait-il vrai, comme on dit, qu'un violent chagrin d'amour soit la cause de ses souffrances? s'informa Hélène.

— Oui madame, Gilbert a aimé une femme qu'il croyait un ange digne de tout son amour, de toute son adoration; trompé, désabusé, obligé de fuir cette malheureuse à laquelle il allait donner son nom, l'infortuné, frappé au cœur, a failli mourir de désespoir et de douleur. Il est si cruel de perdre ce qu'on aime! termina tristement Richard.

— Ajoutez encore, monsieur, d'être contraint de mésestimer ceux qu'on a cru dignes de son amour et de sa confiance, fit Hélène en soupirant tout bas. Puis resaisissant sa gaîté naturelle, vous saviez mon mari absent, et en bon voisin, vous venez me tenir compagnie et me demander à déjeûner, c'est fort aimable de votre part, monsieur, reprit-elle.

— D'autant mieux, chère fille, que je suis forcée de te quitter pour retourner à Paris où j'ai donné rendez-vous à mon avoué pour une heure précise, dit madame de Bréville en se levant, après avoir regardé sa montre qui marquait onze heures.

— Quoi! mère, vous ne passez pas la journée avec moi? demanda Hélène d'un air chagrin.

— Impossible, mais je reviendrai prochainement, et te donnerai tout le temps que tu voudras.

— Vous déjeûnez, au moins ?

— Oui, mais vivement, pour partir ensuite.

Une heure plus tard, madame de Bréville roulait dans sa calèche sur la route de Paris, et Richard, l'heureux Richard, se promenait en tête-à-tête dans les ombreuses avenues du parc avec la belle Hélène, dont le bras s'appuyait sur le sien.

— Monsieur de Rieux revient-il aujourd'hui de Paris ? s'informait Richard auprès de la jeune femme à la suite d'une longue causerie sur les beaux arts et son séjour en Italie.

— Demain, je pense, répliqua tristement Hélène.

— Demain! quoi, rester ainsi longtemps loin de vous, et cela sans souffrir? observa Richard.

— Monsieur de Rieux connaît tant de monde à Paris...

— Le monde entier mérite-t-il qu'on lui sacrifie un instant de bonheur passé auprès de vous?

— Cependant un tête à tête perpétuel entre deux époux finirait par devenir un peu monotone, avouez-le.

— Si l'amour était en tiers, je ne pense pas ainsi.

— Allons, vous jugez la chose sous le point de vue d'un amant, mais devenez mari, et vous changerez de système.

— Me marier, moi!

— La manière dont vous dites cela,

monsieur Richard, ferait croire que le mariage vous est antipathique.

— Rien, selon moi, de plus heureux, surtout lorsqu'on épouse la femme selon son cœur.

— Eh bien, cherchez-la cette bienheureuse femme.

— Je l'ai trouvée.

— Et vous ne voulez pas vous marier, afin de jouir de ce bonheur que vous vantez?

— Celle que j'aime ne peut m'appartenir, répliqua Richard avec tristesse.

— Ne vous aimerait-elle pas?..

— Elle est mariée.

— Comment, vous que je prenais pour un sage, vous vous avisez d'aimer une femme mariée? mais c'est très vilain ça et tout à fait déraisonnable.

— Madame, lorsque mon cœur s'éprit pour cette adorable personne, elle était... mais hélas ! un autre que moi possédait son amour, et peu de temps après il devint son époux.

— Et cette union vous affligea beaucoup ?

— Beaucoup, et de ce jour je fis le serment de ne jamais aimer une autre femme et de mourir garçon.

— Serment prononcé en un moment de douleur et de dépit, mais que le temps effacera.

— Jamais, madame, jamais ! s'écriait Richard avec feu, lorsqu'au détour d'une allée ils se rencontrèrent face à face avec le gros Veauluisant et sa chaste épouse qui, arrivés au château depuis une demi-heure, les cherchaient de tous côtés. Du fond de son cœur

Richard envoya au diable les deux importuns qui se confondaient en salutations et force compliments envers Hélène, qui les accueillait avec aménité.

— Il fait un temps superbe aujourd'hui, aussi ai-je dit à Bichette, allons faire une visite à nos aimables voisins, et commençons par cette belle et gracieuse madame de Rieux, qui, privée de son mari, doit s'ennuyer à mourir, et sur ce, Bichette et moi, nous nous sommes mis en route.

— Richard, marchez derrière ou devant avec mon mari, et laissez-moi causer avec madame de Rieux, dit Fœdora d'un ton familier en passant son bras sous celui d'Hélène, au grand mécontentement du jeune homme, qui se vit forcé de quitter celui qu'il tenait et pressait avec amour et bonheur, pour se voir agrafer par le gros Veau-luisant, dont le pas lourd et lent tarda peu à le distancer d'Hélène.

— Oui, ma chère amie, croyez-moi, les hommes sont naturellement inconstants, aussi, ne laissez pas ainsi votre mari s'absenter, au risque de vous en repentir un jour, disait Fœdora à Hélène.

— Monsieur de Rieux, madame est maître de ses actions, et j'aurais, je pense, mauvaise grâce à contrarier ses volontés. Confiante en l'amour de mon mari, je n'ai donc rien à redouter.

— Ah! vous êtes confiante? ah! vous avez foi dans la fidélité des hommes, vous êtes bien bonne alors. Eh bien, moi, j'en connais un cent qui adorent leur femme ou qui leur font accroire, et entretiennent des maîtresses en ville. Aussi, qu'arrive-t-il le plus souvent ? Que durant l'absence de l'infidèle époux, les galants se faufilent dans le ménage, afin de faire compagnie à la pauvre délaissée, et puis, et puis...

— Mais il me semble qu'une femme honnête qui se respecte et aime son mari, doit en son absence, fermer la porte aux amoureux ou rester sourde à leurs discours.

— Alors il faut se murer et se boucher les oreilles, et cela en faveur d'un mari qui court la prétentaine, tandis que vous jouez à la Lucrèce ? Un joli sort, ma foi.

— Savez-vous, madame, que si je vous entendais souvent parler ainsi, vous finiriez par me rendre jalouse, observa Hélène en souriant.

— Mon Dieu, ce que je vous en dis n'est

certes pas pour vous effrayer, mais bien afin que vous soyez vous-même la gardienne de votre bonheur, en empêchant Gaston d'aller chercher le plaisir hors de son ménage.

— Merci de l'intérêt que vous me témoignez, madame, répondit Hélène pensive, Hélène chez qui les paroles de Fœdora venaient de faire naître le germe de la jalousie. Après une longue promenade où la conversation était devenue générale, nos quatre personnages regagnèrent le château, où Veauluisant, Fœdora et Richard tardèrent peu à prendre congé d'Hélène; les premiers pour regagner leur domicile situé sur la vieille route de Marly, et le jeune homme pour rejoindre Gilbert qu'il avait laissé dans un bois, en train de dessiner un chêne.

Maintenant comment la plupart de nos héros se trouvaient-ils tous réunis dans la même campagne ? Rien de plus simple : Gaston de Rieux, aussitôt après avoir touché l'immense dot de sa femme, s'était empressé de faire l'acquisition du château où nous le retrouvons trois mois après son mariage. Amateur du luxe, des chevaux, de la chasse, voulant mener la vie brillante et large, donner des fêtes, recevoir bonne et nombreuse société, Gaston s'était empressé de devenir propriétaire de ce riche domaine situé à une heure de chemin de la capitale; Eldorado qu'il comptait habiter toute l'année, sans égard pour les goûts d'Hélène qu'il éloignait de ses amis et des plaisirs de la ville. Cette première folie coûtait une somme immense; mais Gaston, entier dans ses volontés, ne s'était pas arrêté devant la pensée que la cage, tant belle qu'elle soit, ne nourrit pas l'oiseau, et s'était empressé d'absorber dans l'achat de cette propriété la presque totalité de la dot de sa femme, sa seule et unique richesse. Qu'importe? n'y avait-il pas dans le monde des prêteurs? qui donc aurait osé refuser de l'argent, même les yeux fermés, à M. le vicomte Gaston de Rieux, riche propriétaire, et mari d'une fille unique dont les espérances s'élevaient à près de deux millions. D'ailleurs, courte et bonne, s'était écrié Gaston; puis il s'était empressé de monter sa maison sur un train princier, de meubler ses écuries de magnifiques chevaux et ses remises de riches voitures. Ce début étourdissant qui effrayait madame de Bréville avait attiré à Gaston quelques sages observations de la part de cette dernière ; mais le gendre, fort peu endurant de sa nature, s'était empressé d'imposer silence à sa belle-mère par un :

— Madame, maître de mes volontés, je n'ai de conseils à recevoir de qui que ce soit.

A partir de ce moment la désunion s'était établie entre Gaston et madame de Bréville. Ce qu'il y avait de plus fâcheux en tout cela, c'était que Gaston n'avait pas rempli ses engagements envers Julian concernant la prime promise à ce dernier aussitôt le mariage conclu. Julian, armé du titre que lui avait signé Gaston, s'était empressé d'obtenir jugement en silence et de prendre inscription sur la propriété. Ainsi qu'il avait été convenu, Julian était l'hôte et le commensal du château dans lequel il occupait un appartement, où encore il commandait et agissait en maître, au grand mécontentement de Gaston qui l'avait pris en haine et maudissait le sort qui l'enchaînait à cet audacieux scélérat. Gilbert, le jour même de la rupture de son mariage, trompé dans ses plus chères affections, était tombé dangereusement malade. Il y avait deux mois que notre jeune peintre, étendu sur un lit, se mourait de souffrance et de désespoir, lorsque la nature, plus forte que le mal, apporta un peu de mieux chez le jeune malade à qui le médecin permit enfin de quitter le lit pour essayer quelques pas dans la chambre, puis ensuite recommanda l'air des champs. Tout en soignant son ami, tout en veillant jour et nuit au chevet de son lit, Richard n'avait cessé de penser à Hélène, à cette femme qu'il aimait tant et qui était éternellement perdue pour lui. Mais être à même de la voir, de l'adorer en silence, d'entendre le doux son de sa voix, n'était-ce pas encore du bonheur pour lui, bonheur dangereux il est vrai, puisqu'au lieu de s'efforcer de puiser l'oubli loin d'Hélène, l'imprudent souhaitait de raviver sans cesse sa douleur dans le regard de cette femme dont il ne devait attendre ni amour ni caresse. Et ce fut guidé par ce désir, plus fort que sa volonté, plus impérieux que la raison qui lui criait de fuir et d'oublier, que, profitant de l'avis du médecin qui ordonnait à Gilbert d'aller à la campagne passer le temps de sa convalescence, Richard s'empressa de conduire son ami à Marly où il savait retrouver Hélène ; où Gaston apprenant que les deux artistes étaient devenus ses voisins de campagne s'empressa de leur envoyer une invitation pour venir au château, invitation que Richard accepta comme un bonheur qui lui venait du ciel. Quant aux époux Veauluisant un double motif leur avait inspiré le désir de venir se fixer aussi dans les mêmes parages et le voisinage du château qu'habitait Julian et de l'humble maisonnette occupée par le peintre et le statuaire.

Veauluisant en agissant ainsi avait eu pour but de ne pas perdre de vue Julian, ou pour mieux dire, les cinquante mille francs dont ce dernier lui était redevable, de laquelle somme le paiement était sans cesse ajourné de mois en mois.

Quant à Fœdora, l'idée de se rapprocher de Gilbert, vers lequel elle se sentait toujours entraînée, plus encore en l'espoir d'être reçue chez Gaston et de participer aux fêtes que ce dernier se proposait de donner dans son château, c'avait été avec empressement qu'elle avait approuvé le projet de son mari, s'était et hâté de venir louer la petite villa qu'ils occupaient, située entre la demeure de Gilbert et celle de Gaston.

Tandis que tous ces gens, favorisés par la fortune, se trouvaient groupés ensemble dans une belle et verte campagne, qu'était devenue la malheureuse Alice que nous avons laissé désespérée et mourante? Il y a près de trois mois de ça, oui, trois mois que, ramassée par Louison et portée sur son lit, la pauvre fille, dévorée par une fièvre brûlante, avait passé du délire à la folie. Ce ne fut donc que deux mois et demi après cette douloureuse catastrophe qu'un matin Alice s'éveilla après avoir recouvré la raison sur le lit de l'hôpital dans lequel elle avait été portée. En ouvrant sa paupière languissante, son regard rencontra celui d'une sainte femme portant l'habit d'une religieuse, qui, penchée sur elle, épiait avec autant d'intérêt que d'impatience sa résurrection que la bonne religieuse salua d'un sourire bienveillant.

— Où suis-je? murmura Alice d'une voix languissante.

— Dans une maison où l'on a bien soin de vous, mon enfant. Soyez sans inquiétude,

car le bon Dieu et moi nous veillons
afin de vous rendre la santé..... Plus
tard je vous en dirai davantage, aujourd'hui
reposez-vous encore, et surtout pas d'émotion, répondit la sainte femme avec dou-
ceur tout en essuyant le front de la jeune
fille sur lequel perlait la sueur, et tout en
arrangeanet l'oreille rla malade.

Trois jours se sont passés ; Alice sait
qu'elle est dans un hôpital, dans l'un
de ces refuges ouverts à l'indigent qui vient
y reposer sa tête, recevoir les secours que
nécessistent ses souffrances et recouvrer la
santé et la force nécessaires à son travail.
Mais comment se trouve-t-elle dans ce lieu
et non chez elle? Depuis combien de temps
habite-t-elle ce séjour de douleurs? Pourquoi son premier regard, au lieu d'une

étrangère, n'a-t-il pas rencontré celui de sa bonne et dévouée Louison. Quoi répondre, mon Dieu! à toutes ces questions qu'Alice adressait à la religieuse assise à son chevet, autrement qu'en lui apprenant que Louison, qui l'a soignée durant deux mois, avait été forcée de vendre pièce à pièce le mobilier de la chambrette, afin de se procurer l'argent nécessaire à l'acquisition des médicaments et à payer les médecins; puis encore, qu'un jour, mobilier et effet étant venu à manquer, un impitoyable propriétaire les avait jetées à la porte, et qu'alors la pauvre vieille servante, à bout de ressources, sans argent ni asile et dangereusement malade elle-même, s'était résignée, en pleurant, de faire transporter Alice à l'hôpital, où la fidèle Louison, victime de son dévoûment à sa jeune maîtresse, pour les jours de laquelle elle avait veillé sans relâche, était morte quinze jours plus tard, dans le lit mitoyen de celui d'Alice; d'Alice dont elle ne détacha son regard mourant et rempli d'intérêt, qu'en rendant le dernier soupir et après avoir mentalement adressé ces paroles à Dieu, en faveur de la jeune malade :

— Seigneur, protégez-la!

Il n'est pas d'expression assez forte pour dépeindre le désespoir de la pauvre Alice, en apprenant la mort de sa fidèle compagne, de cette amie infatigable, dévouée, qui sans se plaindre avait partagé sa misère, et lui donnait courage et force pour travailler et souffrir sans se plaindre. Ce nouveau coup qui venait frapper la jeune fille et mettre le comble à son malheur, au moment où échappée à une longue et cruelle maladie, elle ressaisissait la vie, retarda de près d'un mois sa convalescence.

L'instant arriva enfin, où les médecins, après avoir déclaré qu'Alice pouvait sans danger quitter l'hôpital, lui signèrent son billet de sortie. Ce jour-là la chère enfant se trouva sur le pavé de Paris, ruinée, sans asile, seule au monde, elle pauvre enfant jadis gâtée, soignée par un père et des serviteurs qui l'aimaient et veillaient sur elle.

— Où aller? où me réfugier? qui prendra pitié de moi? soupirait-elle après avoir quitté le seuil de l'hôpital, et en portant des regards tristes et inquiets de tous côtés.

Les larmes débordaient sa paupière et en sortant son mouchoir de sa poche pour essuyer ses yeux, il s'en échappa deux pièces de cinq francs, que la religieuse qui s'était intéressée à elle, lui avait glissé en cachette.

— Que Dieu me permette de vous rendre ce bienfait, ange de la terre, murmura Alice en ramassant les deux pièces tombées sur le pavé.

Puis instinctivement, d'un pas que sa faiblesse rendait pénible et lent, Alice se dirigea vers son ancienne demeure, oublieuse qu'elle était à ce moment de la perte de son chétif mobilier et que dans cette mansarde, dont la présence de Gilbert avait fait un paradis pour elle, au lieu de sa bonne Louison l'accueillant avec un sourire, elle ne retrouverait qu'un visage étranger, un cœur indifférent au sien. N'importe, elle marche, marche toujours la pauvre enfant, et se soutenant à peine tant la fatigue l'accable, elle arrive pensive et souffrante à la maison; y pénètre, gagne les marches et arrivée au cinquième étage, frappe machinalement sur la porte de sa chambre, qu'une jeune femme vient lui ouvrir en chantant. Alice, plus pâle que la mort, le visage inondé d'une sueur froide, entre et n'a que le temps de se poser sur une chaise, afin d'éviter une chute.

— Qui demandez-vous, mademoiselle? Mais vous vous trouvez mal, Dieu me pardonne.... Attendez, attendez! un peu de mélisse dans de l'eau sucrée et ça va vous remettre.

Tout en disant, la nouvelle locataire de la chambre, qui n'était autre qu'une jeune couturière et femme d'un honnête ouvrier, s'empressait de joindre le fait à la parole, en préparant vivement le cordial bienfaisant qu'elle fit boire à la malade.

— Voyons, ça va mieux, n'est-ce pas? Voilà les couleurs qui reviennent un peu... Maintenant dites-moi ce qu'il y a pour votre service.

Alice, un peu remise, lève la tête, promène son regard autour de la chambre et ne reconnaissant pas le mobilier pour être le sien, se frappe le front de la main, pousse un douloureux soupir et se lève subitement.

— Pardon, madame, je me croyais encore ici chez moi; excusez une erreur de ma pauvre tête si souffrante et si triste.

— Je devine! vous êtes la demoiselle qui demeurait ici avant moi. Oh! je connais votre histoire, vos malheurs, pauvre petite; la portière et la voisine, qui vous estiment et vous plaignent me l'ont racontée. Oui, vous alliez vous marier et... mais inutile de vous rappeler vos chagrins; je vois ce que c'est, vous sortez de l'hôpital et reveniez ici croyant encore y demeurer.

— Hélas, oui, madame; excusez mon erreur et recevez mes remercîments pour le bon secours que vous venez de me donner.

— Comment! vous voulez me quitter déjà? Pour aller où, je vous le demande? reprit la jeune femme en retenant Alice qui se dirigeait vers la porte.

— De quel droit et à quel titre, moi, qui n'ai pas l'honneur d'être connue de vous,

vous importunerais-je plus longtemps, madame?

— D'abord, vous ne m'importunez nullement, ensuite, j'en ai assez entendu dire sur votre compte pour vous savoir une sainte et bonne demoiselle, riche jadis et tombée dans le malheur depuis quelque temps. Je sais encore qu'en sortant de l'hôpital vous êtes sans asile ni argent peut-être. Alors vous devez comprendre, ma chère demoiselle, qu'il y aurait inhumanité de ma part de vous laisser partir pour coucher à la belle étoile. Or, comme Guillaume, mon mari, qui est le meilleur homme qui soit au monde, approuvera ce que je fais en ce moment, je vous prie de demeurer avec nous jusqu'à ce que votre santé vous permette de reprendre le travail et de vous procurer un petit mobilier, plus, de vous regarder ici comme si vous étiez chez de bons parents... Est-ce dit ?

Ce fut en versant des larmes et en se jetant dans les bras de l'ouvrière, qu'Alice la remercia de la généreuse hospitalité qu'elle lui offrait et qu'elle acceptait avec reconnaissance.

—Allons, voilà qui est convenu, vous êtes notre sœur.

— Combien vous êtes bonne, madame ! fit la jeune fille en embrassant sa bienfaitrice.

— Pas de remercîmens, chère amie, pour un devoir que le bon Dieu m'impose ; il serait joli, ma foi, d'envoyer coucher dans la rue une belle fille de votre âge et de l'exposer aux insultes des libertins qui la rencontreraient.

— Mais, madame, je ne possède que ces deux pièces, que je tiens de la bienfaisance d'une sainte religieuse; vous n'êtes peut-être pas riche, et je crains de devenir pour vous une charge nuisible, un sujet de gêne pécuniaire.

— Pour être riche, ma foi non, mais Guillaume, mon mari, est ouvrier menuisier, il gagne ses quatre francs par jour, qu'il apporte exactement à la maison, moi j'en gagne deux, de mon état de couturière, ensuite, le bon Dieu ne nous a pas encore donné d'enfant, ce qui fait que nous vivons heureux et à l'aise. Vous voyez d'après ça, chère demoiselle, que sans nous gêner, nous pouvons faire un peu de bien. D'ailleurs, chez nous autres, ouvriers, c'est un besoin, une loi de secourir ceux qui souffrent et que le ciel nous envoie... Dieu me pardonne, vous tremblez !.. Tenez, ce tartan va vous réchauffer, et puis, comme j'ai justement mis le pot au feu aujourd'hui, vous allez prendre un petit bouillon qui, en vous faisant du bien, vous aidera à attendre l'heure du souper.

— Merci, merci, disait Alice reconnaissante, en baisant les mains généreuses qui l'enveloppaient avec soin et empressement.

Quelques heures plus tard, la porte s'ouvrait pour donner entrée au maître du logis, jeune homme à la mine joyeuse et franc compagnon menuisier, lequel, après avoir embrassé sa femme, et apercevant Alice qui dormait dans un fauteuil, la tête appuyée sur un blanc oreiller, s'empressa d'un air surpris, de demander quelle était cette jolie fille si pâlote et si comfortablement installée chez lui.

Thérèse, ainsi s'appelait la jeune femme, lui désigna Alice comme étant l'ancienne locataire de la chambre, la jeune fille dont il connaissait l'histoire pour l'avoir entendu raconter, puis elle ajouta, que voyant la pauvre enfant souffrante et sans asile, elle avait pensé bien faire en la recueillant.

— Femme, tu as bien agi, et cela nous portera bonheur, c'est moi qui te le dit. Puis, après s'être doucement approché de la dormeuse et l'avoir comtemplé attentivement :

— Thérèse, reprit-il, tu vois cette fille si pauvrement vêtue, aujourd'hui plus pauvre que nous, qui lui donnons l'hospitalité, eh bien ! je l'ai connue riche, fraîche et joyeuse, car j'ai travaillé chez son père, dont mon patron avait la pratique. Oh ! je me souviens d'avoir reçu un généreux pour boire de cette petite main blanchette, déposée dans la mienne, et accompagnée d'un sourire amical ; femme, ayons-en bien soin.

— Oui, mon Guillaume, bien soin... elle est si douce, si reconnaissante !

A ce moment Alice s'éveilla, et ses yeux, en s'ouvrant, rencontrèrent ceux de Guillaume qui lui souriait avec bonté.

III

Une heureuse rencontre.

Alice, qui depuis un mois, habitait la demeure de Guillaume et de Thérèse, Alice revenue à la santé, grâce aux bons soins dont l'avaient entouré les amis que le ciel lui avait envoyé dans sa détresse, était ce jour seule au logis, assise contre la fenêtre occupée d'un travail à l'aiguille, qu'elle interrompait souvent pour porter ses regards douloureux vers la maison d'en face et les croisées du rez-de-chaussée, celles enfin, de l'atelier de Gilbert, closes depuis trois mois que le jeune artiste habitait la campagne.

— Il ne reviendra donc pas ? soupirait-elle, il ne me sera donc jamais permis de me justifier à ses yeux ? Que dis-je, me justifier envers celui qui m'estime assez peu pour me croire coupable, indigne, oh, il ne me croirait pas ! D'ailleurs, quelle preuve lui donner ? que je n'ai jamais failli à l'honneur ? Que je suis l'innocente victime de l'audace et de la calomnie ?.. Non, non, point de vaines démarches, d'inutiles paroles, oublions-le comme il m'oublie... Et Richard, lui si bon, si loyal, qui me croit aussi une fille perdue, Richard qui n'a seulement pas daigné venir à mon secours, écouter mes plaintes et plaider en ma faveur auprès de son ami... Ah! combien de douleur et d'humiliation; et j'existe encore, et je ne suis pas morte de honte!... Mon Dieu, pitié pour moi qui suis forcée de courber la tête devant la calomnie, mon Dieu, justifiez-moi, car vous seul êtes assez fort et assez puissant pour accomplir cette tâche !

Ainsi murmurait Alice, lorsque la porte s'ouvrit, et que Thérèse, qui revenait de la provision, son panier au bras, rentra pour sourire à la jeune fille.

— Bonjour, chère amie... Toujours à

l'ouvrage, donc? Vous vous fatiguez trop, mon petit chéri, je me fâcherai contre vous, si cela continue. Hier, vous avez profité de ce que Guillaume et moi dormions comme des sans-souci pour veiller jusqu'à une heure du matin, et aujourd'hui vous étiez à l'ouvrage dès le petit jour. Cela n'a pas le sens commun.

— Ne me grondez pas ainsi, bonne Thérèse, préférez-vous donc qu'une grande fille comme moi fasse la paresseuse et qu'elle vive honteusement aux dépens de votre travail? Oh! cela serait impardonnable. Ne vous ai-je pas déjà assez d'obligation de ce que vous daignez me donner asile, m'admettre dans votre ménage et m'y traiter comme une sœur bien-aimée?

— Oui, oui, parlons de ça, vous qui,

adroite comme une petite fée, m'aidez dans mon ouvrage et en abattez comme deux. Lorsque, loin d'être à notre charge, c'est nous, au contraire qui, à bien compter, vous sommes redevables... Tenez, vous êtes un ange de vertu, de bonté, une créature comme on ne trouverait pas la pareille sous la calotte du ciel. Enfin, un chérubin que j'aime de tout mon cœur, termina Thérèse en embrassant Alice sur les deux joues.

— Hélas ! bonne Thérèse, tout le monde ne pense pas ainsi que vous, la preuve, Gilbert me méprise.

— Votre Gilbert est un niais, je suis bien fâché de vous le dire. Est-ce qu'à sa place j'aurais ajouté foi à tous ces cancans ? Est-ce qu'avant de commettre l'affront impardonnable qu'il vous a fait, je n'aurais pas voulu, moi, aller trouver ce gredin de Delmare, et le forcer, l'épée sur la gorge, de rétracter ses calomnies, amener ce scélérat à vos pieds et le contraindre de vous demander grâce.

— Où aurait-il trouvé cet homme, dont moi-même j'ignore la demeure, cet homme que pour mon malheur, j'ai rencontré chez une de mes élèves, qui, feignant de s'intéresser à moi, me comblait de politesses et s'empressait de me procurer des élèves ?

— N'importe, si jamais l'occasion se présente que vous puissiez indiquer ce gredin-là à Guillaume, il passera un mauvais quart d'heure, je vous en réponds... Mais tout en causant nous oublions que mon cher mari nous a promis de venir déjeûner avec nous ce matin et qu'il ne peut tarder à venir... Vite, du feu pour cuire les côtelettes dont je veux le régaler.

Un chant joyeux venant du dehors annonça l'arrivée de Guillaume, qui entra dans la chambre tenant à la main une lettre adressée à Alice, et que venait de lui remettre le portier.

— Tenez, petite sœur, une lettre de votre tante de Chartres, en réponse à celle que je vous ai engagée de lui écrire... Bien sûr que la bonne dame, touchée de vos malheurs, consent cette fois à s'humaniser en faveur de l'enfant de son frère... Lisez : je suis certain qu'il y a du bon sous ce pli.

— Et moi, Guillaume, qui connais ma tante, je suis certaine du contraire... Écoutez, disait Alice en ouvrant la lettre pour en faire la lecture à voix haute et entendre ce qui suit :

« Ma chère nièce, c'est le cœur rempli
» d'affliction que j'ai pris connaissance de
» la lettre que tu m'as adressée. En appre-
» nant la fâcheuse position à laquelle tu te
» trouves réduite, et tout en te plaignant du
» fond de mon cœur, je me demande ce
» que ton père, mon cher et honoré frère,
» a pu faire de sa fortune, pour laisser
» après sa mort, une fille qu'il aimait tant,
» dans une aussi grande pauvreté que celle
» que tu me dépeins dans ta lettre. Il me
» semble, chère petite, que, au lieu de te
» désespérer, ainsi que tu le fais, tu agirais
» beaucoup plus sagement en entreprenant
» les démarches nécessaires pour obtenir
» des renseignements sur les affaires de

» ton père, et par ce moyen, arriver peut-
» être à un bon résultat. Par exemple, de
» t'informer de ce qu'il était allé faire à ce
» pays où il a si malheureusement perdu la
» vie, puis quels sont les gens avec qui il
» était, les voir, les interroger, et si tu
» n'oses, charger un homme d'affaires,
» même un ami adroit, de ces démarches
» dont le résultat pourrait amener quel-
» ques découvertes utiles à tes intérêts.
» Enfin, on ne m'ôtera pas de l'idée que ce
» cher Leroux a été la victime de quelque
» scélérat qui, après l'avoir dépouillé de
» son argent, l'aura jeté dans l'eau pour se
» débarrasser de lui. Tâches d'éclaircir
» tout cela, ma chère nièce, et crois bien
» que ta tante forme des vœux sincères
» pour ton bonheur, tout en regrettant amè-

» rement de ne pouvoir te venir en aide en
» ce moment, où les fermiers payent mal,
» où la vie est hors de prix, enfin, où je suis
» moi-même forcée de m'imposer pour vi-
» vre les plus strictes privations. Adieu,
» chère petite nièce, je termine en te réité-
» rant mes vœux pour ton bonheur et me
» dis ta bonne et pauvre, bien pauvre tante
» qui t'aime,

     » Véronique Leroux. »

» *Post-scriptum.* Si tu m'écris encore, ai
» soin d'affranchir ta lettre, vu que je suis
» très gênée et souvent sans argent. »

Ainsi se terminait la lettre qu'Alice découragée, humiliée, laissa tomber à ses pieds, puis, fixant un regard mélancolique sur les deux époux, chez lesquels se peignaient l'indignation et la surprise :

— Que vous disais-je mes amis? fit Alice.

— Je dis qu'il faut que cette femme-là soit pauvre comme Job ou qu'elle ait le plus mauvais cœur du monde, répliqua Guillaume.

— On m'a toujours dit qu'elle était très riche, mais fort intéressée, peut-être se trompait-on, car j'ai peine à croire que, si elle possédait véritablement, ma tante refuserait de venir à mon secours.

— Moi, je soutiens que cette femme est une avare sans cœur ni âme, qu'elle fait nombre avec ces vilains crasseux qui laisseraient mourir de faim leurs semblables plutôt que de sortir un sou de leur poche, s'écria Thérèse indignée.

— Eh bien! chère demoiselle, vous vous

passerez d'elle, nous travaillerons tous trois ensemble, heureux, libres et indépendants... Après cela, cette lettre n'est pas sans renfermer quelques bons conseils, car enfin, de la manière dont vous nous avez raconté votre histoire, il paraîtrait qu'aucune démarche n'a été faite pour éclaircir vos affaires et connaître le motif qui a conduit monsieur votre père à cette campagne maudite et en quelle compagnie il voyageait alors.

— C'est vrai, Guillaume, mais la mort de mon bon père me laissa sans amis ni protecteurs et accablée de chagrin, je n'ai eu que la force de pleurer, sans penser à mes intérêts dont personne ne daigna s'occuper.

— Cela se comprend, passe si vous aviez

été une riche héritière, parce qu'alors, les faux amis, les hommes de loi, attirés par l'appât du gain, se seraient empressés d'accourir en l'espoir de vous dépouiller... Eh bien! moi, je veux avoir le cœur net de tout cela, et le dimanche, en allant jeter ma ligne dans ce canton de la Marne, je promets de m'informer, de faire jaboter les gens de cette ferme, et si le bonheur veut qu'on me désigne ceux qui accompagnaient votre brave homme de père, j'irai les trouver pour leur dire deux mots.

— Et tu feras bien, fit Thérèse, tout en plaçant sur la table un plat de côtelettes grillées.

Le déjeuner terminé, l'actif ouvrier, après avoir embrassé sa femme et Alice, était gaîment retourné à son travail, et les deux dernières, ayant rangé le ménage, avaient de même repris l'aiguille.

Deux heures sonnaient à la modeste pendule qui ornait la cheminée de nos ouvriers, lorsque Thérèse, arrêtant le bras d'Alice, lui fit observer que le moment d'aller faire sa petite promenade hygiénique était arrivé, qu'il ne s'agissait pas, étant à peine rétablie, de se fatiguer par un travail continu, mais bien de prendre un exercice salutaire et modéré en respirant le bon air.

— Merci, bonne Thérèse, mais je ne désire pas sortir, ma santé n'en éprouve nullement le besoin, ensuite où aller, seule et sans but ? répliqua Alice.

— Alors sortons ensemble petite paresseuse, allons faire un tour sur le boulevart extérieure... Vite, enfilez cette robe, mettez ce petit bonnet à rubans roses qui vous coiffe à ravir, et partons.

— Mais Thérèse, je suis honteuse de revêtir et d'user ainsi vos effets.

— Comment mes effets ! mais du tout, ils vous appartiennent ; je les ai payés de votre argent.

— De mon argent, dites-vous Thérèse ? mais je n'en ai plus depuis longtemps.

— Erreur, mademoiselle, puisque, en qualité d'habile ouvrière, vous gagnez depuis trois semaines deux francs par jour, vous dépensez cinquante centimes pour votre nourriture d'oiseau, ils vous reste donc un franc cinquante que je vous ai amassé et dépensé sans vous consulter. Or, vous voyez bien que vous n'avez besoin de personne pour vous vêtir.

— Mon Dieu, Thérèse, quelle généreuse amie vous êtes et comment reconnaîtrai-je jamais le bien que vous ne cessez de me faire! répondit Alice en embrassant la jeune femme.

Habillées toutes deux, et bras dessus bras-dessous, elles quittent le logis, gagnent la rue et descendent la rue Pigale, où, avant de sortir la barrière, Thérèse souhaitait de faire plusieurs emplètes chez une mercière. Elles cheminaient donc en causant, lorsque de l'intérieur d'un riche équipage qui passait, il s'échappa le nom d'Alice prononcé à voix haute par une femme élégante qui venait de mettre la tête à la portière.

— Hélène, fit Alice avec surprise et joie.

La voiture s'étant arrêtée, un valet en

ouvrit la portière dont Hélène s'échappa pour venir se jeter dans les bras d'Alice.

— Toi, toi, chère amie, que je retrouve enfin, après t'avoir vainement fait chercher, disait l'épouse de Gaston en examinant avec une pénible surprise la modeste mise de la jeune fille.

— Où demeures-tu Alice ? conduis-moi chez toi ; nous avons tant à causer, ajouta Hélène.

— Chère Hélène, je demeure près d'ici, chez d'excellents amis qui, au sortir de l'hôpital où je venais de souffrir l'espace de deux mois, et me trouvant sans asile, m'ont reçu chez eux et comblé de leurs bienfaits.

— L'hôpital ! Tu as été à l'hôpital, toi,

ma chère Alice ? Hélas! tu l'avais donc oublié, pour n'être pas venu réclamer les soins de ta meilleure amie ? Ah! madame, combien je vous suis reconnaissante de votre admirable conduite envers cette chère enfant; daignez donc y mettre le comble en me permettant d'entrer chez vous, afin d'écouter le malheur d'Alice et d'y porter remède aussitôt.

— C'est beaucoup d'honneur, madame, que vous allez faire à de simples ouvriers, en daignant entrer dans leur modeste réduit, dit Thérèse avec timidité et le rouge au visage.

— Viens alors, Hélène; car cette demeure où tu vas entrer, est l'asile où Dieu a placé deux cœurs généreux et bienfaisants pleins d'honneur et de courage, viens et sois fière, Hélène, car jamais ton pied n'aura foulé demeure plus sainte et plus digne de ton respect.

En disant ainsi, la jeune fille entraînait Hélène, après que celle-ci eut passé son bras sous le sien. L'équipage à petits pas les suivait.

C'est avec empressement que Thérèse fait les honneurs de chez elle à la grande dame, laquelle après s'être assise sur la chaise présentée par la femme du menuisier, s'empressa d'interroger Alice et d'écouter en silence le récit que cette dernière lui fit les larmes aux yeux.

— Mon Dieu! que tu as été malheureuse, chère petite! et je l'ignorais! et tu n'es pas venue auprès de moi demander vengeance et protection... Ce Delmare, quel homme odieux, quel scélérat!... Alice, mon mari cherchera ce monstre, il le forcera de rétablir ton honneur calomnié, sois-en certaine. Et Gilbert, Gilbert! car je le connais ce bel amoureux si niais, si scrupuleux... Oh! il faudra qu'il te demande pardon et répare ses torts! Le maladroit! n'avoir pas deviné le mensonge dans tout le mal qu'on disait de toi, n'avoir pas su t'apprécier ni deviner en toi tout ce qu'il y a de vertus, de sagesse... comme je vais le gronder!

— Hélène, au nom du ciel, tu n'en feras rien, je t'en supplie; l'homme qui m'a méconnue, humiliée, ainsi que l'a fait Gilbert, ne peut rien espérer de mon cœur. Promets-moi donc de ne jamais prononcer mon nom devant lui, que je m'efforce d'oublier.

— Tu le veux, chère petite, eh! bien,

soit, je me tairai... Maintenant, Alice, il faut venir chez moi, où mon mari t'accueillera comme si tu étais ma sœur, où tu reprendras tes habitudes premières, enfin où tu seras un second moi-même.

— Qu'exiges-tu, chère Hélène, que je me sépare de Guillaume, de Thérèse, de mes bienfaiteurs...

— Certainement, et madame a bien raison. Est-ce que vous êtes faite pour végéter dans une mansarde avec de pauvres ouvriers comme nous? Acceptez bien vite l'offre généreuse que vous fait madame, cela, sans crainte de nous fâcher, chère Alice, car Guillaume et moi nous serons doublement satisfaits en vous sachant heureuse dans un monde qui est le vôtre, et duquel vous serez aimée et soignée, s'empressa de dire Thérèse en venant au-devant des scrupules de la jeune fille.

— Oh! je vous reconnais là, Thérèse, bonne et généreuse jusqu'au bout, et toujours prête à sacrifier vos plus chères affections au bonheur de vos amies, fit Alice souriante, en prenant dans les siennes les mains de la jeune femme.

— Madame Guillaume, si j'enlève Alice à notre précieuse amitié, c'est à la condition que vous et votre mari viendrez la visiter chez moi, où vous serez les biens-venus, ensuite, comptez sur la reconnaissance de notre amie commune, qui sera doublement contente en venant auprès de vous passer d'heureux instants.

— J'y compte fermement, madame, bien certaine qu'Alice ne nous oubliera jamais...

Seulement, une chose m'afflige en ce moment, c'est qu'elle sera loin d'ici lorsque Guillaume rentrera ce soir, et qu'il sera peiné de ne l'avoir pas embrassée, lui qui l'aime tant!

— Oh! je ne vous quitterai pas sans l'avoir revu, Thérèse, et remercié du bien qu'il a daigné me faire... N'est-ce pas, Hélène, que tu ne le souffrirais pas? Hélène répondit qu'elle approuvait ce désir, mais que, ayant encore quelques courses à faire dans Paris et à se rendre chez sa mère où elle devait dîner, elle reviendrait le soir pour faire connaissance avec Guillaume et prendre ensuite Alice pour l'emmener à Marly. Cela convenu, à la grande satisfaction d'Alice et de Thérèse, Hélène prit congé d'elles après les avoir embrassées.

Vers la quatrième heure de l'après-midi, un commissionnaire chargé d'une lourde caisse se présentait chez Thérèse, où il déposait son fardeau ainsi qu'une lettre adressée à Alice, laquelle lettre tracée de la main d'Hélène, renfermait ces mots :

« Chère Alice, comme il me plaît qu'en
» arrivant ce soir chez moi, les gens qui
» pourraient s'y trouver te voyent dans la
» toilette qui convient à ton rang ainsi
» qu'à ton éducation, je me suis empressé
» de renouveller ta garde-robe d'après la
» mode du jour, accepte, fais-toi bien belle
» et à ce soir... Je prie, en même temps, la
» bonne madame Guillaume de vouloir bien
» m'excuser d'avoir encore fait emplette en
» sa faveur, de quelques colifichets qui, je

» pense, lui seront agréables, et que je la
» supplie d'accepter comme un gage de l'es-
» time de sa toute dévouée amie,

» Hélène de Rieux. »

Après cette lecture et la caisse ayant été ouverte, Alice en sortit un carton sur lequel une étiquette portait ces mots :

Pour madame Guillaume.

— A vous ceci, ma bonne amie, fit Alice en remettant ledit carton à Thérèse qui, rouge de joie et d'émotion, s'empressa de l'ouvrir pour en sortir un beau châle, dit cachemire français, et une robe de soie en pièce de la plus riche étoffe.

— Toutes ces belles choses pour moi ? s'écria la jeune femme surprise et joyeuse.

— Et cela pour moi, dit à son tour Alice, en montrant à Thérèse tout le trousseau complet et de bon goût qui remplissait la caisse.

IV

Au château.

La onzième heure de la nuit allait sonner à l'horloge de l'église de Marly, lorsque la voiture qui amenait Hélène et Alice, entra dans la cour du château pour venir s'arrêter au pied du perron.

— Monsieur de Rieux est-il au salon? s'informa Hélène à un valet, en descendant de voiture.

— Monsieur le comte qui se sentait fatigé s'est retiré dans son appartement où il repose, fut-il répondu.

— C'est bien; je le verrai demain, inutile de le réveiller ce soir, fit Hélène en emmenant Alice dans son appartement privé.

— Cette nuit, cher ange, tu partageras ma chambre et mon lit, et demain tu seras libre et maîtresse dans l'appartement voisin du mien que j'aurai fait préparer pour toi... As-tu sommeil Alice? ajouta Hélène.

— Non, fit cette dernière.

— Ni moi non plus. Causons donc alors, avant de nous coucher.

Et comme la chaleur était grande, qu'il

faisait ce soir-là un temps superbe, les deux amies furent s'asseoir près d'une fenêtre ouverte qui donnait sur un parterre d'où s'échappait, pour monter jusqu'à elles, le suave parfum qu'exhalaient les fleurs.

— Quelle riche demeure que la tienne, chère Hélène... Tu es donc bien riche pour posséder un aussi magnifique château? interrogea Alice émerveillée.

— Riche! en effet, il faut que nous le soyons beaucoup, à en juger par le grand train que nous menons, quant au chiffre de notre revenu, ceci est l'affaire de monsieur de Rieux, vu que je ne m'en occcupe guère.

— Hélène, tu es heureuse et ton mari t'aime, n'est-ce pas?

— Heureuse, je le suis, à ce que je crois, répondit la jeune femme.

Mais en disant ainsi, sa gracieuse figure s'était empreinte d'une mélancolie indéfinissable qui n'échappa pas au regard mêlé d'intérêt qu'Alice fixait sur elle.

— Tu me regardes avec surprise, Alice, parce que ma réponse, sans doute, est insuffisante pour te bien fixer sur le plus ou moins de bonheur qui m'est dévolu. Eh bien ! je vais t'ouvrir mon cœur tout entier, à toi, ma meilleure amie. Non, Alice, j'ai des peines... je ne suis pas heureuse.

— Hélas ! que m'apprends-tu ? soupira Alice avec douleur et surprise.

— Oh! oui, c'est un triste aveu que je te fais là, cher ange, mais peut-être suis-je trop exigeante, envers mon mari, peut-être me suis-je fait du mariage une idée impossible dont je ne puis espérer la réalité, et alors, je suis à me demander si les souffrances que j'endure viennent de mon mari ou de moi. En me mariant, Alice, j'espérais conserver ma mère auprès de moi, qu'elle et nous ne formerions qu'une seule et même maison, et à peine huit jours s'étaient-ils écoulés, que déjà M. de Rieux se brouillait avec mon excellente mère et m'arrachait de chez elle pour m'amener dans cette campagne, et par ce moyen, me priver brusquement de mes amis, de mes habitudes et de mes joies parisiennes, pour me laisser dans l'isolement dans ce château, dont Gaston s'éloigne fréquemment des journées entières sans que je puisse connaître la raison qui motive ces longues absences... Enfin, te l'avouerai-je, Alice? je suis jalouse, je crains de ne pas être aimée de mon mari autant que je croyais l'être, je redoute encore, qu'à mon égard, l'intérêt plus que le cœur n'ait guidé M. de Rieux, avec cette douloureuse incertitude, dans l'abandon où j'existe, comprends, cher ange, qu'il me faut quelqu'un dans le sein duquel je puisse m'épancher, qu'à défaut d'une mère j'ai besoin d'une amie, et cette amie, Dieu me l'envoit en toi, termina la jeune femme en se penchant sur le sein d'Alice pour l'embrasser et mouiller ses joues des larmes qui coulaient de ses yeux.

— Hélène, pourquoi accepter pour une douloureuse réalité, ce qui de ta part n'est sans doute qu'un injuste soupçon? Qui donc, chère amie, serait assez dépourvu d'âme et de cœur pour ne pas préférer et aimer, sans partage, une femme aussi belle, aussi bonne que toi, digne en tout de l'estime et de l'adoration d'un époux?.. Allons, sèche tes larmes et garde-toi à l'avenir, enfant, de tous soupçons injurieux envers le mari que ton cœur a choisi, envers l'homme à qui tu as confié ton bonheur.

Ce fut par de semblables paroles, qu'Alice parvint à consoler son amie, à faire rentrer dans son cœur la confiance et le repos, puis, comme la pendule tintait la deuxième heure de la nuit, toutes deux se mirent au lit en l'espoir de goûter un instant de repos.

A neuf heures du matin, Hélène et Alice, revêtues d'un simple, mais gracieux négligé du matin, quittaient leur chambre à coucher pour descendre au rez-de-chaussée et pénétrer dans un petit salon d'été, où deux hommes causaient près d'une fenêtre, le dos tourné à la porte.

— Mon ami, je te présente mademoiselle Alice Leroux, mon amie d'enfance et désormais mon inséparable, dit Hélène à l'un des deux hommes, lequel s'avança, souriant et courtois, au-devant d'Alice pour lui prendre la main et lui dire :

— Soyez la bien venue dans notre maison, mademoiselle, et veuillez vous y considérer comme dans votre propre demeure.

A ces mots, Alice leva les yeux et se sentit frappée au cœur en reconnaissant, dans le mari d'Hélène, ce Delmare, cet homme odieux, cause de tous ses malheurs; mais s'armant de courage, elle s'empressa de réprimer et de dissimuler sa terreur avec un sangfroid admirable et une merveilleuse adresse.

A côté de Gaston se tenait Julian, muet et le regard rivé sur Alice.

Un instant après, et comme on attendait le déjeûner, Hélène laissant Gaston avec Julian, entraîna Alice, sous le prétexte de lui montrer le château et les jardins, mais de fait pour lui demander avec empressement, comment elle trouvait son mari.

Alice, dont la tête bouillonnait, n'avait pas entendu les paroles d'Hélène, comme il arrive d'ordinaire après une forte émotion vaincue, ses sens étaient engourdis, ses forces l'avaient abandonnée, les objets tournaient autour d'elle avec mille éblouissements, des pensées tumultueuses bourdonnaient dans sa pauvre cervelle.

— Tu ne me réponds pas, qu'as-tu ? Comme tu es pâle, agitée, s'empressa de dire la jeune femme, en entourant Alice de ses bras comme pour l'empêcher de tomber.

— Oh ! rien, un malaise subit, des éblouissements.

— Veux-tu remonter dans ta chambre ou rester dans ce jardin ?

— Oui, restons ici, cela va se passer.

— Alors, asseyons-nous, dit Hélène.

Alice consentit, et toutes deux furent prendre place sur un banc placé en face les fenêtres du château.

— Allons, réponds-moi, comment trouves-tu monsieur de Rieux ? répéta Hélène.

— Bien ! murmura Alice avec effort, afin de complaire à son amie, mais en ajoutant en elle-même :

— Pauvre Hélène, je ne m'étonne plus que tu sois malheureuse.

— Tu as entendu, Alice, il t'a dit que tu étais ici chez toi ? Oh! tu verras comme il sera bon pour nous et combien nous allons être heureuses ensemble.

Alice s'efforçait de répondre par un sourire à ces amicales paroles, quand les larmes qu'elle retenait, tombaient âcres et brûlantes sur son cœur, que mille pensées sinistres se heurtaient dans son cerveau, quand d'affreux pressentiments lui serraient le cœur.

Heureusement pour Alice qu'un tiers arriva fort à propos pour lui donner le temps le reprendre ses sens, ce tiers n'était autre que Julian qui venait prévenir Hélène que son mari, qui l'attendait au salon, désirait l'entretenir un instant.

— Viens, Alice, fit Hélène en se levant.

— Permettez-moi, madame, de vous remplacer auprès de mademoiselle, loin de laquelle Gaston ne vous retiendra qu'un moment, reprit Julian.

— Soit! attends-moi, Alice, je reviens vivement... Julian, ayez grand soin d'elle, car la pauvre enfant se sent mal à l'aise.

Cela dit et après avoir embrassé Alice, Hélène s'éloigna en courant.

— Quoique je n'aie pas l'avantage d'être connu de vous, mademoiselle, veuillez voir en moi un honnête homme qui vous porte un vif intérêt, fit Julian, demeuré seul avec

Alice et après avoir pris la place que madame de Rieux occupait à côté d'elle.

— Je vous remercie grandement, monsieur, de ces sentiments à mon égard, répondit timidement Alice.

— Mademoiselle, veuillez avec confiance vous ouvrir à moi, qui connaît vos malheurs et la grave offense dont mon ami Gaston vous a rendue victime...

— Quoi! vous savez, monsieur! s'écria Alice effrayée.

—Tout, que vous êtes la plus pure comme la plus innocente des créatures, je sais aussi combien sont cuisants les regrets et le repentir de Gaston, de la part de qui je viens implorer de vous un oubli et un généreux pardon, de Gaston qui désire, par égard pour le repos de sa femme, vous avoir vue aujourd'hui pour la première fois, et qu'il en soit de même de votre part.

— M. de Rieux n'a rien à redouter de moi, monsieur, moi, l'amie de sa femme, à qui je serais désolée de causer le moindre chagrin. Ensuite, mon devoir comme mon intention, sont de quitter aujourd'hui même ce château.

— Vous éloigner! y pensez-vous? ne serait-ce pas alors le moyen d'éveiller les soupçons de madame de Rieux, que cet inattendu et brusque départ aurait le droit de surprendre étrangement? Hélas! vous parlez de partir, Alice; je n'essaierai pas de vous faire comprendre les nouvelles et odieuses souffrances qui vous attendent alors. Que voulez-vous? que pouvez-vous faire? reprendre un travail ingrat et insuffisant à vos besoins les plus impérieux ? Réfléchissez donc, mademoiselle, qu'il y a dans Paris une foule de jeunes filles élevées comme vous pour le monde, la richesse et les doux loisirs, et qui sollicitent vainement le travail auquel vous pensez vous livrer. Vous voulez nous quitter, pourquoi ? Parce que vous retrouvez ici un homme qui vous a offensé, que vous haïssez ou craignez ce même homme. Mais les temps sont changés, aujourd'hui Gaston est marié, repentant et tout disposé à solliciter de vous un généreux pardon...

— Mais cet homme dont vous prenez la défense, monsieur, cet homme m'a injustement et faussement déshonorée aux yeux du monde qui me croit sa maîtresse, et me méprise! Sans cet homme, je serais aujourd'hui une épouse heureuse et chérie, et vous demandez que je pardonne, que j'oublie? que j'habite le toit de cet homme infâme, que je me nourrisse de son pain, vous exigez enfin de ma part une lâcheté, une chose monstrueuse, impossible! Plutôt cent fois la misère qui m'attend, que cette infamie! termina Alice avec énergie.

— Encore une fois daignez écouter, mademoiselle, la voix et les conseils d'une homme dont le plus sincère désir est de mériter votre confiance, qui vous plaint, et pour tout au monde, souhaite que justice vous soit rendue et votre honneur réparé hautement, un ami enfin, ignoré de vous jusqu'à ce jour, et qui vous plaignait sans vous connaître. Alice, démeurez ici, et je prends Dieu à témoin que j'emploirai tous mes efforts pour réparer le mal qui vous a été fait, pour réhabiliter votre réputation et vous rendre pure, ce que vous êtes, enfin, aux yeux de ce monde qui vous a repoussée. Restez, vous dis-je, pour consoler dans Hélène, dans votre amie, une femme malheureuse que l'isolement tuera si une voix chère à son cœur, la vôtre, Alice, ne l'aide à la consoler.

— Quoi, il serait donc vrai qu'Hélène fut malheureuse? reprit tristement Alice.

— Je ne peux vous rendre compte ni vous expliquer pourquoi Gaston, depuis qu'Hélène est devenue sa femme, a remplacé par une profonde indifférence l'empressement qu'il lui témoignait, cet apparence d'amour auquel la jeune fille s'est laissée prendre, je dis apparence, car au fond il ne l'a jamais aimée.

— Il ne l'aimait pas et il l'a épousée? infamie! s'écria Alice avec indignation.

— Non, car cet homme aimait et aime encore ailleurs que chez lui une femme coquette et astucieuse, dont l'empire qu'elle exerce sur lui sera fatale à l'épouse légitime, qui s'est aperçue de la froideur de son mari, je le sais, car sa tristesse, sa pâleur, ses larmes furtives me l'ont appris.

— Chère et pauvre Hélène! soupira Alice en essuyant ses yeux baignés de larmes.

— Alice, votre amie est malheureuse, malheureuse pour toujours peut-être, et c'est lorsqu'elle croit avoir trouvé en vous un cœur qui la console, dans lequel elle veut épancher ses douleurs, que vous voulez partir, l'abandonner le lendemain de votre réunion. Quand Hélène vous interrogera? oserez-vous avouer? oh, non! puisqu'une pareille révélation tuerait la pauvre femme que la douleur rendrait injuste à votre égard, parce qu'elle refuserait de croire à votre innocence. Restez; restez parmi nous où votre présence m'est utile pour arracher de Gaston l'écrit dans lequel il vous fera réparation, ici où vous n'avez rien à redouter, où je veillerai sur vous, où une épouse qui souffre réclame vos consolations.

— J'ai suivi votre raisonnement et pesé en vous écoutant, toute la grandeur du sacrifice que me commande mon amitié pour Hélène. Eh bien, j'y souscris malgré toute la répulsion que m'inspire M. de Rieux;

et qu'il me sera difficile de dissimuler. Oui, je consens à demeurer ici; ce sacrifice, je l'accomplirai si Dieu m'en donne la force, répondit Alice.

— Dieu vous accordera ce courage, peut-il refuser ce secours à l'ange qu'il a mis sur la terre pour consoler les affligés... Alice, encore une prière à vous adresser, celle d'accorder un peu de votre sainte amitié à moi pauvre malade isolé sur la terre, sans parents ni amis pour l'aider à mourir.

—Hélas! vous souffrez donc, monsieur? interrogea vivement Alice avec intérêt et tout en levant pour la première fois son regard sur Julian, chez qui la pâleur, l'état de prostation physique semblaient présager une fin prochaine.

— Je dois croire cet homme, car on ne trompe pas quand on est aussi près de l'éternité, pensa alors la jeune fille, puis, reprenant tout haut :

— Cette amitié, cette confiance que vous daignez solliciter de ma part, monsieur, je ne demande pas mieux que de vous les accorder, mais comme ces sentiments ne peuvent se commander, laissons au temps celui de me les inspirer en votre faveur, dit-elle.

— Rien de plus sage, mademoiselle; et heureux en espérance, croyez que je m'efforcerai, par mon respect et mon dévoûment, d'en hâter la réalisation, répliqua Julian d'une voix douce et tout en pressant avec aménité la main de la jeune fille. Le retour d'Hélène qui revenait souriante rejoindre son amie, mit fin à ce long tête-à-tête.

Julian, après avoir pris congé des deux amies, s'empressa de se rendre dans l'appartement qu'il occupait au château, et de s'y enfermer pour se mettre aussitôt à son bureau et écrire les mots suivants à sa mère :

« Chère mère, je t'envoi cent écus qui,
» sans doute, seront bien accueillis de toi,
» mais si tu exiges que je me conduise à ton
» égard, en bon et généreux fils, seconde
» moi avec adresse dans les projets que je
» t'ai communiqué dans la lettre que je t'ai
» adressée il y a quinze jours. J'ai mis enfin
» la main sur la nièce en question. Nous
» habitons, en ce moment, la même demeure
» et à même de la voir, de lui parler, de lui

» faire ma cour à toute heure, il me sera
» facile de m'emparer de son esprit, de son
» cœur et de sa main dont je lui ferai la de-
» mande en temps opportun. Quel que soit
» sa décision d'alors, qu'importe, comme
» elle sera riche de l'héritage de la vieille
» tante, elle doit être ma femme, cela sera,
» car je le veux. Cependant, ne hâte le
» dénoûment que lorsqu'un nouvel avis de
» moi t'aura fait savoir que la petite con-
» sent à devenir ma légitime. En atten-
» dant, continue à te mettre de mieux en
» mieux dans les bonnes grâces de la vieille,
» que tu m'assures être riche à million,
» trésor précieux dont je suis friand en dia-
» ble. Advienne cette bonne fortune et je te
» fais rouler voiture.

» Ton fils. »

Julian fut lui-même, en se promenant, jeter cette lettre à la poste, et comme au retour il passait devant la villa Veauluisant, la fantaisie lui prit de faire une visite à son créancier.

A ce moment, Fœdora était seul au logis, où son gros tourtereau l'avait abandonnée pour aller à la pêche.

Julian, enchanté d'une circonstance qui lui procurait, avec Fœdora, un tête-à-tête qu'il désirait, s'en fut surprendre cette dernière dans un petit kiosque, où, pour s'abriter contre la chaleur, elle se retirait dans le jour.

— Bonjour, bel ange.

— Ah! c'est vous, fit Fœdora d'un ton

qui dévoilait plus de contrariété que de satisfaction, en fermant le livre qu'elle tenait à la main.

— Oui, moi, qui ai le chagrin de s'apercevoir que ma présence semble vous déplaire.

— Vous faites erreur, Julian.

— A la bonne heure, car enfin, si entre nous, l'un devait en vouloir à l'autre, ce serait à moi de vous bouder.

— Pourquoi donc? interrogea Fœdora en souriant.

— Vous le demandez, perfide ? avez-vous donc oublié votre manque de foi à mon égard, votre absence à ce rendez-vous demandé par moi, promis par vous au bal de noce de Gaston?

— En effet, en récompense d'un aveu qui

m'était nécessaire et duquel j'ai retiré grand profit, vous m'aviez fait promettre de vous faire une visite clandestine à domicile, j'y ai manqué, c'est vrai, que voulez-vous? ce jour-là il m'a prit une velléité de constance conjugale à laquelle il m'a été impossible de résister. Vous ne m'en voulez plus, n'est-ce pas, Julian?

— Toujours, et tant que j'aurai le malheur d'être amoureux de vous.

— Comme vous mentez avec aplomb. Vous, amoureux de moi, à d'autres semblable baliverne.

— Cela est, foi de gentilhomme!

— Alors, je vous crois encore moins.

— Me feriez-vous l'injure de douter de mes titres?

— Je doute de tout.

— Voyons, belle incrédule, en sera-t-il de même de l'incident qui vous menace et contre lequel je viens vous conseiller de vous mettre en garde.

— Lequel?

— Votre rivale, la belle Alice, amie intime de madame de Rieux, qui est arrivée hier soir au château qu'elle doit habiter désormais, où Gilbert, votre amant, va se rencontrer avec elle, où aura lieu sans doute une explication, une justification, qui seront suivies d'un raccomodement... Qu'en dites-vous?... Vous pâlissez, preuve que vous comprenez l'importance de la chose.

— Alice au château! cette fille, amie de madame de Rieux!... Et vous n'avez pas dit à Hélène que cette fille est ou a été la maîtresse de son mari, afin qu'elle la chasse à l'instant même de chez elle ?...

— Non, Fœdora.

— Alors, c'est moi qui dès aujourd'hui me charge de ce soin.

— Fichtre! vous n'en ferez rien.

— Eh bien! vous verrez si je me gêne.

— Vous n'en ferez rien, vous dis-je, sous peine de jeter le désespoir dans l'âme de madame de Rieux, d'amener la dissention dans son ménage, d'être vous-même chassée du château, de rompre tous les projets que je mijotte à l'égard d'Alice, dont je suis amoureux et que je veux épouser. Au risque encore de me forcer, pour vous punir et me venger, de révéler à votre niais de mari vos amours adultères avec le peintre Gilbert... Qu'en dites-vous, mignone ?

— Je dis que je ne veux pas que Gilbert se réconcilie avec cette fille ! répliqua Fœdora, furieuse.

— Ni moi non plus, je ne le veux pas, aussi ladite réconciliation n'aura-t-elle pas lieu, grâce à mon adresse et dans l'intérêt de mes intérêts. Enfin, je veux que, aujourd'hui, ces deux amants qui ont cessé de s'estimer, se détestent à la mort dans deux jours.

— Quels moyens comptez-vous employer pour les amener à ce point ?

— La calomnie, rien que la calomnie et tant soi peu aidé par vous.

— Par moi ! volontiers ! que dois-je faire ?

— Me confier d'abord une des lettres

sans date, qu'a dû vous adresser Gilbert au bon temps de vos amours.

— Je n'en ai plus.

— Si, cherchez bien et vous trouverez.

— Qu'espérez-vous faire de cette lettre ?

— Une arme pour tuer sans rémission le reste de tendresse que la petite pourrait avoir conservé dans un pli de son cœur, en la lui donnant comme étant de fraîche date.

— Je comprends, ce soir je vous remettrai cette lettre.

— Fort bien ! surtout pas d'imprudence, songez que Gaston et Gilbert ont la tête près du bonnet, qu'une indiscrétion pourrait amener un duel entre eux, que le cher de Rieux, duelliste consommé, ne manquerait pas d'envoyer votre amant en terre, et qu'il ne vous resterait plus que le souvenir de votre Benjamin. Or, toute belle, à ce soir.

Cela dit, Julian s'éloigna pour se rendre chez Gilbert et Richard, qu'il trouva tous deux à l'ouvrage, l'un peignant une vue de la forêt de Saint-Germain, l'autre en train de modeler un buste de Molière destiné à l'ornement du foyer d'un des grands théâtres de Paris.

— Salut aux arts, messieurs, fit gaîment Julian en entrant dans l'atelier des artistes.

— Soyez le bien venu, il signor de Langenais, répliqua Richard.

— Quel heureux hasard vous guide ce matin vers nous, monsieur ! dit à son tour Gilbert, au visage pâle et amaigri, en levant son regard empreint d'une monotonie indéfinissable sur le visiteur.

— D'abord, le désir de vous voir, de contempler quelques instants vos doigts habiles et savants animer la toile et l'argile, donner la vie à des choses inertes et en faire autant de chefs-d'œuvre.

— De grâce, il signor, ménagez un peu plus la modestie de deux pauvres diables qui ont encore tant besoin d'étude et de travail, s'ils veulent acquérir cette perfection désespérante après laquelle ils s'efforcent de galoper sans encore avoir pu l'atteindre... Donnez-nous plutôt des nouvelles des amis du château... On nous a dit que madame de Rieux était revenue hier de Paris... Je compte aller la saluer aujourd'hui et m'informer de l'état de sa précieuse santé.

— On vous a dit la vérité, messieurs,

madame de Rieux est de retour de Paris depuis hier, en compagnie d'une de ses amies intimes, qui doit résider auprès d'elle en qualité de demoiselle de compagnie, ou, si mieux vous préférez, de confidente intime. Une jeune fille spirituelle et du caractère le plus enjoué, enfin, adorable compagne dont le talent musical fera le charme de nos soirées. Joignons à tous ces avantages celui d'une charmante figure.

— Comment se nomme cette merveille? demanda Richard.

— Mademoiselle Alice Leroux.

A ce nom, pinceaux et palette s'échappèrent des mains de Gilbert, lequel se retournant vivement vers Julian, s'écria :

— Cette fille indigne est ici!... Richard, retournons à Paris, fuyons l'odieux voisinage de cette perfide et hypocrite créature.

— Retourner à Paris, fuir comme des capons lorsque nous sommes si bien ici ! Quelle pusillanimité !.. Veux-tu donc égayer la perfide à tes dépens et que chacun se moque de nous ? Non pas ; c'est à la coupable, s'il lui reste un tantinet de pudeur, à quitter la place la première, pour le peu que nos visites au château ne soient pas de son goût... Après tout, je ne serais nullement fâché de la voir, de causer avec elle, de l'entendre se justifier, car à te dire vrai, Gilbert, tu as été un peu léger, ce me semble, lors de ta brusque rupture avec cette jeune fille que, même encore aujourd'hui, j'ai grand'peine à prendre pour la fille pervertie qu'on t'a désignée, et je suis tenté de croire qu'il y a eu erreur de personnage : qu'en pensez-vous, il signor? ajouta Richard en s'adressant à Julian.

— Fort peu initié dans cette affaire, je ne puis me prononcer, répondit ce dernier, que les observations de Richard contrariaient.

— Puisque vous connaissez la jeune fille depuis hier, de sa personne, de son air, de son langage, qu'en pensez-vous? Tout en elle annonce-t-il une fille de mœurs faciles, enfin, pour trancher le mot, ce que nous appelons une noceuse?

— Certes non, et si cette demoiselle est parfois d'une gaîté charmante, ce n'est toujours qu'avec retenue et décence qu'elle se livre à cet enjouement bien naturel à son âge, répliqua Julian.

— Folle et rieuse, lorsque moi je souffre mille tourments! Cette fille n'a ni cœur ni âme! s'écria Gilbert.

— Çà, mon cher, y pensez-vous, à votre âge, de prendre ainsi au sérieux cette fièvre ridicule qu'on appelle amour, et de vous consumer en regrets pour une créature d'une vertu douteuse, d'après ce que j'ai entendu dire et qui a failli vous rendre dupe de votre bonne foi? Folie, extravagance, vous dis-je, d'autant plus malheureuse, qu'il suffit d'une pareille faiblesse pour arrêter un homme dans sa carrière, en troublant son cerveau et son âme, deux choses essentiellement nécessaires à l'artiste, dont le talent ne peut que péricliter le jour où une malheureuse idée fixe sera venue paralyser son imagination et son courage... Croyez-moi, Gilbert, à l'aurore d'un grand talent, gardez-vous, pour une bagatelle prise au tragique, de renoncer à la gloire qui vous tresse une couronne... Croyez-moi, vous dis-je, chassez de votre cœur un souvenir importun, redevenez un homme, un artiste distingué, rempli de vigueur et d'amour pour son art. Quant aux femmes, sexe charmant, toujours nuisible à nos intérêts, ne nous en servons que comme un joli joujou qu'il faut briser après s'en être amusé un instant.

— Hum! fit Richard, après avoir écouté, ce qui semblait dire qu'il ne partageait pas absolument cette façon de penser et d'agir.

— Oui, vous avez raison, monsieur; il y a lâcheté de ma part de faiblir ainsi sous le joug d'une femme indigne de l'estime d'un honnête homme, oui, je dois m'en affranchir, oublier, tout oublier ! fit Gilbert avec force et résolution.

— Excellent parti que vous prenez là, Gilbert, seulement il est certain que cette noble résolution échouera à première vue de l'objet regretté, ce qui veut dire, lors de votre première visite au château, dit Julian avec gaîté.

— Non, car je n'irai plus, et même je m'empresserais de quitter ce pays aujourd'hui même, si je ne craignais de contrarier mon bon Richard qui tient infiniment à y rester.

— Est-ce que par hasard, mon cher Praxitèle, nous aurions de même au cœur une agrafe sentimentale qui nous retiendrait dans cette contrée? interrogea Julian, en s'adressant au statuaire.

— Votre société, il signor, ainsi que celle des aimables habitants du château, répondit Richard.

— Ces deux hommes sont tenaces en diable; impossible de les faire déguerpir... Cet imbécille de Gaston a eu là une singulière fantaisie de les impatroniser chez lui... N'importe, Gilbert renonce à la voir, c'est déjà beaucoup.

Ainsi se disait Julian en retournant au château.

— Oui, cher Gilbert, j'ai tort de te retenir malgré toi, j'en conviens, mais quoi qu'en dise cet homme au cœur froid, un amour tel que celui que nous avons au cœur ne peut ainsi se briser. On ne joue pas facilement avec le feu, et s'il fallait s'éloigner d'elle, renoncer à la voir, à l'entendre, non-seulement je ne m'en sentirais pas la force, mais encore je serais l'homme le plus malheureux du monde, disait Richard, le bras passé autour du cou de Gilbert, après le départ de Julian.

— Restons ici, Richard, j'y consens, et pourtant, mon bon, cette concession est nuisible à tous deux, à toi qui te plais à nourrir un amour sans espoir, à moi dont le voisinage d'une perfide, en ravivant mes souvenirs, va redoubler mes regrets et mon martyre.

— Eh bien ! un mois encore, Gilbert, accorde-moi ce laps de temps et nous retournerons après à Paris.

— Plus encore, si cela te convient, ami;

quant à moi, c'est dans la profondeur des bois, dans la solitude enfin, que j'irai chercher mes modèles et me livrer au travail ; là, du moins, je ne redouterai ni sa vue, ni l'accent de sa voix si séduisante et si perfide... Oh! je vaincrai ma douleur, je parviendrai à l'oublier, va! Mon cœur, ami, aura repris son calme, quand toi tu seras encore malheureux, peut-être.

— Ne me plains pas, ami, ne t'afflige pas en ma faveur, car, comprends bien, Gilbert, que le jour où j'ai lâché la bride à mon cœur vierge d'amour jusqu'alors, en lui permettant d'aimer Hélène. A partir de ce jour où j'acceptais la torture d'une passion sans espoir de retour, je me suis gaîment voué à un malheur perpétuel, à une douleur à laquelle je me suis insensiblement habitué, et tel qu'on se familiarise peu à peu avec le poison qu'on avale d'abord à petite dose, et qui devient ensuite une nécessité, ma douleur est devenue un besoin, j'oserai même dire un plaisir pour mon cœur.

— D'accord, ami, mais ainsi que le poison dont tu parles, use la vie, tout en nous flattant, la douleur finira de même par tuer ton âme et ton corps, observa Gilbert.

— Bah! courte et bonne, d'ailleurs, qui nous dit qu'un jour ce Gaston ne me rendra pas le service de mourir dans une des orgies auxquelles il se livre loin de sa femme? Qui me dit qu'après avoir deviné mon amour, Hélène ne finira pas par m'aimer à son tour?

— Au fait, ça se pourrait bien, répondit

à ces dernières paroles de Richard, la voix de Fœdora.

— Comment, vous nous écoutiez, reprit le statuaire avec humeur et surprise, en voyant entrer la jeune femme.

— Non pas, mais je ne pouvais défendre à mes oreilles d'entendre en approchant de cette porte. Lorsqu'on a des confidences à se faire et qu'on ne veut pas qu'elles soient entendues par d'autres, on s'enferme chez soi ou bien on parle plus bas, répliqua Fœdora.

— Chère ange, j'espère que votre jolie langue de vipère s'abstiendra de commenter les paroles que vous venez d'entendre... Songez-y, discrétion pour discrétion.

— Est-il bénêt, ce Richard, de m'adresser une semblable recommandation... Eh bien!

beau ténébreux, vous ne me dites rien, à moi, qui viens tout exprès pour vous annoncer une bonne nouvelle qui va vous remplir de joie, ajouta Fœdora, en s'adressant à Gilbert, qui ayant repris ses pinceaux, travaillait en lui tournant le dos.

— Si c'est l'arrivée au château de mademoiselle Leroux que vous pensez nous apprendre, cette nouvelle est pour nous de vieille date, chère amie; reprit Richard.

— Vous savez? Alors, Julian doit avoir passé par ici en sortant de chez moi, il y a une heure.

— Vous devinez juste, chère amie.

— Eh, que pense ce cher Gilbert de cet heureux et inattendu rapprochement, si propice aux tendres amours? reprit la jeune femme en souriant avec ironie.

— Que la présence de cette personne dans ce pays semble vous préoccuper plus que moi, répliqua sèchement Gilbert.

— Moi, que m'importe, et qu'ai-je à perdre ou à gagner en cette circonstance? Vous n'êtes plus mon amant, Gilbert, pas même mon ami, quoique vous m'ayez offert ce titre en échange de l'autre. Or, tout ce qui vous concerne m'est donc fort indifférent, je vous assure.

— Pas assez, du moins, pour vous empêcher d'être à mon égard, le messager empressé de toutes les nouvelles qui peuvent m'affliger, fit le peintre.

— Quelle ingratitude! empêchez donc les gens de faire une sottise en épousant une fille de mauvaise vie, pour n'obtenir, en retour, que haine et impertinence de leur part.

— Qui vous a dit que vous m'aviez rendu service, quoi m'assure qu'en cette circonstance vous n'avez pas été infâme et calomniatrice, que les gens auprès desquels je me suis renseigné n'étaient pas vos complices? s'écria Gilbert en se levant précipitamment, pour river sur celui de Fœdora un regard menaçant.

— Hélas! que les amoureux sont donc bêtes! On a beau leur prouver la chose claire et nette, eh bien! ils doutent encore... Au surplus, maintenant que je ne vous aime plus, que me fait votre mijaurée, épousez-la, ne l'épousez pas, je m'en moque comme de l'an qui retourne, et si j'éprouve un regret aujourd'hui, c'est de vous avoir empêché de faire une sottise, répliqua Fœdora avec colère.

— Voyons, chère belle, ne nous grippons pas, et s'il est vrai que vous ne nous aimiez plus, de cœur, du moins, montrez-nous du dévoûment en nous nommant le particulier qui prétend avoir été l'amant heureux d'Alice Leroux, et par cet aveu, aidez-nous, s'il se peut, à réparer l'honneur de cette malheureuse fille, dit Richard.

— Je connais cet homme, mais j'ai promis de me taire et je me tais.

— Eh bien! madame, dites de ma part à ce misérable qui publie hautement le nom des malheureuses déshonorées par lui, qu'il n'est qu'un lâche et un infâme, que celle qui s'est associée à lui pour accomplir cette tâche honteuse est une misérable que je chasse de chez moi, dit Gilbert, en indiquant du doigt la porte à Fœdora.

— Gilbert, tu te souviendras de l'affront que tu me fais aujourd'hui.

— Pas un mot de plus, madame, si vous ne préférez, après avoir été chassée par moi, que je ne vous fasse chasser encore de votre maison par votre mari, dussé-je, pour prix de mes révélations, me couper la gorge avec lui... Vous m'avez entendu?... Sortez, maintenant!

Fœdora humiliée, après avoir jeté à Gilbert un regard rempli de colère et de haine, quitta l'atelier d'un pas rapide.

V

Une demande en mariage.

Il y a un mois qu'Alice habite le château de Gaston de Rieux, et que la pauvre enfant si chagrine elle-même, consacre son temps à consoler Hélène, que l'indifférence de son mari, et ses fréquentes et longues absences plongent dans l'inquiétude et la douleur, d'autant plus que déjà plusieurs lettres anonymes lui ont révélé que son mari la trompe pour une femme galante dont il est éperdûment épris et qu'il entretient richement à Paris.

En vain Alice, pour rendre le calme à l'épouse désolée, essayait-elle de combattre ces dénonciations, de les attribuer à la méchanceté, à la calomnie, de défendre, de justifier enfin un homme qu'elle méprisait, dont la seule vue était pour elle un supplice douloureux, mais il s'agissait du repos de sa meilleure amie, de sa bienfaitrice, et notre héroïne, en semblable circonstance, ne reculait pas devant ce sacrifice, tel pénible qu'il fût.

C'était un soir, depuis huit jours Gaston était absent, où était-il ? nul ne le savait. Hélène et Alice étaient seules au salon, assises l'une près de l'autre devant un guéridon et s'occupaient d'un ouvrage de tapisserie.

Tout en travaillant à la lumière d'une lampe, les deux amies s'entretenaient à voix basse.

L'horloge du château sonnait alors la huitième heure.

— Chère consolatrice, dis-moi pourquoi tu oublies si bien tes propres peines, lorsqu'il s'agit de verser sur les miennes un baume consolateur ? disait Hélène.

— Des peines, amie, je n'en ai plus depuis que je suis avec toi, répliqua Alice, en étouffant un soupir près à s'échapper de son sein.

— Tu es heureuse, dis-tu? Alors, pourquoi donc cette éternelle mélancolie dans laquelle tu es sans cesse plongée, ces longs instants de silence où ton âme tout entière est plongée dans une profonde méditation, pourquoi encore sembles-tu fuire le monde qui vient nous visiter, pour aller rêver, solitaire et silencieuse, dans les avenues du parc?

— Hélène, c'est que j'ai tant souffert, vois-tu, qu'il m'est impossible d'oublier.

— Surtout ce cher Gilbert que tu refuses de voir et cependant que tu aimes toujours, auprès duquel il te serait si facile de te justifier et qui tomberait à tes pieds, repentant et plus amoureux que jamais, fit Hélène en souriant.

— L'aimer encore, le revoir ! oh ! jamais, Hélène, jamais ! Le stigmate de honte que M. Gilbert m'a imprimé au front est une de ces insultes qu'on ne peut pardonner. Et d'ailleurs, son absence de ce château, depuis que je l'habite, ne prouve-t-elle pas tout le mépris qu'il fait de ma personne... Tiens, Hélène, ne parlons plus de cet homme.

— Ni du mien, que je voudrais de même oublier, te l'avouerai-je ? que je crois ne plus aimer.

— O ciel ! qu'oses-tu dire, Hélène ? fit Alice alarmée et en fixant sur madame de Rieux un regard dans lequel se peignaient la surprise et le reproche.

— Ce que je te dis là, amie, est la vérité, si cesser d'aimer son mari est un crime, eh bien ! je m'avoue coupable, mais qui des deux l'est le plus, de l'homme qui feignit, pour me séduire, un amour qu'il ne ressentait pas, un homme qui, devenu mon mari, s'est empressé de m'arracher des bras de ma mère, et me délaisse pour aller loin de moi, enrichir de ma propre fortune, les courtisanes qu'il me préfère... Non, Alice, non, je ne puis plus aimer l'époux dont le langage n'est pour moi qu'une amère et brusque raillerie, et qui me vole son amour, ses sourires, pour les porter à ses dignes maîtresses.

— Mais es-tu bien sûre, Hélène, que les plaintes que tu exhales contre ton mari soient fondées sur un motif réel ! que loin

de toi il t'oublie pour en aimer une autre?...
Oh! prends-bien garde, amie, si l'on t'avait
trompée comme on a trompé Gilbert à mon
égard. Gilbert qui me croit la maîtresse
d'un Delmare, qui m'a chassée de son cœur,
et pourtant je suis innocente et pure, Dieu
le sait!... Hélène, prends-garde, te dis-je;
M. de Rieux, s'il s'apercevait jamais qu'il a
perdu ton cœur et ta confiance, pourrait...

— Quoi? interrompit vivement Hélène,
me rendre plus malheureuse encore, veux-
tu dire? je ne crois pas que cela puisse être!
me ruiner par ses folles prodigalités. Ses
largesses envers ses maîtresses? Non, car
ma prévoyante mère, par mon contrat de
mariage, m'a laissée la maîtresse absolue
de la moitié de ma fortune, et cette part est

encore assez large pour me dire riche et mener la vie heureuse et brillante.

Comme Hélène terminait ces mots, un valet entra pour annoncer M. Richard.

Ce nom eut le pouvoir de dérider les lèvres d'Hélène et d'oppresser douloureusement Alice. Richard, pour cette dernière, c'était le souvenir qui lui poignait le cœur, c'était la honte injuste devant laquelle elle courbait la tête.

— Soyez le bienvenu, monsieur Richard, vous qui venez charitablement égayer la demeure de deux pauvres solitaires... Asseyez-vous là auprès de moi, à mes côtés, ainsi placée entre deux amis, je me croirai forte et heureuse.

— Très volontiers, madame, répondit

le jeune homme en s'empressant de s'asseoir. Bonsoir, mademoiselle Alice... vous ne me regardez pas ce soir, est-ce que par hasard vous me bouderiez, moi, un ami?

— Bonsoir, monsieur Richard, répondit en souriant la jeune fille, tout en présentant sa main au jeune homme, qui la pressa avec aménité.

— Par quel hasard êtes-vous donc seules, mesdames?

— Le mauvais temps qu'il fait ce soir aura effrayé les visiteurs... Regretteriez-vous, monsieur, en trouvant ce salon désert, d'avoir affronté le vent et la pluie?

— Vous ne le pensez pas, madame, surtout lorsque j'ai le bonheur de vous y rencontrer.

— Voilà qui est une gracieuse réponse;

n'est-ce pas, Alice? dit Hélène à la jeune fille qui, les yeux sur son ouvrage, se livrait à ses pensées.

— Je n'ai jamais entendu que des choses polies s'échapper des lèvres de monsieur, répliqua Alice.

— Autrefois, je vous disais Alice et vous me disiez Richard, pourquoi donc avoir changé de langage, lorsque nous n'avons jamais cessé d'être amis et de nous estimer? observa le statuaire d'une voix douce et amicale.

— Oh! merci, Richard, fit Alice avec empressement et reconnaissance, merci, car en ce moment vous me rendez bien heureuse!

— Chère Alice! espérez! espérez! reprit Richard, en contemplant avec attendrissement les larmes qui perlaient sur les joues de la jeune fille.

— Ne pleure donc pas ainsi, amie ! O mon Dieu ! faire autant de peine à un ange pareil !... Richard, aidez-moi à la consoler, dites-lui donc aussi que vous l'aimez, que vous n'avez jamais cessé de la croire digne de l'amour d'un honnête homme... Tenez, ce chagrin-là la tuera, si nous ne parvenons à l'en guérir... Tout à l'heure, quand nous étions seules, c'était elle qui cherchait à me consoler, à m'égayer, et maintenant la voilà toute en larmes.

— Tu as raison, Hélène, j'ai tort de pleurer, de te montrer sans cesse un visage contrit, lorsque toi-même... Mais ces larmes m'ont soulagée, je me sentais oppressée... Regarde, me voilà toute souriante, maintenant.

— Oui, soyons gaies, donnons-nous une soirée, faisons de la musique et prenons du thé, dit follement Hélène en se levant pour sonner ses gens et donner des ordres.

Les bougies sont allumées, le thé est servi, et Alice la première, prélude sur le piano.

— Monsieur Richard, je vous invite pour une polka.

— Très volontiers, madame.

Alice sourit, le clavier fléchit sous ses doigts agiles, et l'heureux Richard, enlaçant de son bras amoureux la taille svelte et gracieuse d'Hélène, l'entraîne dans les mille détours d'une capricieuse polka.

Combien il est ravi ! comme avec bonheur il compte les battements d'un cœur auquel répond le sien, avec quelle ivresse il aspire la douce haleine qui, en s'échappant des lèvres rosées d'Hélène, vient caresser son visage.

— Comment on s'amuse, on danse ici sans nous? fit entendre une voix.

C'étaient Veauluisant et Fœdora, qui se présentaient, comme Richard et Hélène terminaient leur danse.

— Et qui plus est, on prend du thé, fit Veauluisant en s'approchant du guéridon.

— Nous étions tristes et solitaires comme des hiboux, lorsque l'idée m'est venue de donner une soirée afin de nous distraire, dit Hélène.

— Une soirée, un bal à trois, comme

c'est amusant. Heureusement que Fœdora et moi nous nous sommes dit : Il fait un temps du diable, les dames du château sont seules, faisons preuve d'amitié en allant tenir compagnie à ces chères amies, que tout le monde aura sans doute abandonnées ce soir, et là-dessus, Fœdora et moi, nous nous sommes mis en route, en dépit de la pluie qui tombe à torrent.

— Ceci est un beau dévoûment dont nous vous sommes reconnaissantes, Alice et moi, répondit Hélène, en dépit de la contrariété que lui causait l'arrivée de ce couple, pour lequel elle ressentait peu de sympathie, mais qu'elle acceptait comme on accepte à la campagne beaucoup de gens insignifiants, en qualité de machines mouvantes et parlantes.

— Où est donc ce bon M. Julian ? demanda Fœdora, en s'adressant à Alice.

— M. Julian, se sentant plus indisposé que de coutume, nous a demandé la permission, après le dîner, d'aller se reposer chez lui, répondit la jeune fille.

— Comme il est fâcheux qu'un homme si aimable, si bon, soit d'une aussi mauvaise santé... Cela doit vous faire beaucoup de peine, ma toute belle, vous que M. Julian semble avoir prise en grande affection, qui êtes sa fidèle compagne, la jolie garde-malade veillant avec sollicitude sur les soins qu'exige sa santé, disait Fœdora à Alice, après s'être assise à côté d'elle au piano.

— Ainsi que vous le dites, madame, M. Julian me témoigne une amitié dont je lui suis très reconnaissante ; quant aux soins que je lui donne, cela est un devoir que doit remplir indistinctement toute personne qui se trouve en présence d'un être qui souffre, que la religion et la pitié nous ordonnent de secourir, répondit Alice avec candeur.

— Tiens! je n'avais pas remarqué que vous étiez seul, monsieur Richard; pourquoi donc n'avez-vous pas amené votre ami Gilbert! reprit méchamment Fœdora, en fixant obliquement Alice, qu'elle vit tressaillir au nom de Gilbert.

— Ce cher ami, belle dame, tout entier au travail, s'occupe à terminer ce soir le croquis d'un tableau dont je lui ai communiqué.

— Ah! quel est ce sujet? s'informa Hélène.

— Celui d'une femme adultère, chassée par son mari du toit conjugal, après que celui-ci a découvert que la grisette pervertie, qu'il a daigné sortir de la fange pour en faire la femme d'un bon et honnête homme, a eu l'infamie d'oublier ses bienfaits en le trompant sans remords ni pudeur.

— Heureusement que cela n'est qu'une fiction, car cette femme serait infâme, fit Hélène.

— Une fiction ! pas le moins du monde, je vous prie de croire que la chose est réelle et ce qu'il y a de pire, est que, d'après la volonté de celui qui désire cette peinture, nous y représentons l'adultère traits pour traits.

— Mais cela est mal, ce me semble, fit Alice.

— Telle l'exige la circonstance, cette peinture n'étant faite que dans le but d'en imposer à la méchanceté de cette femme, que chacun reconnaîtra le jour que quelque cruel méfait de sa part aura forcé le propriétaire dudit tableau de soulever le voile qui, jusque-là, l'aura dérobé à tous les regards.

— Cela est fort ingénieux, s'écria Veauluisant... Mon cher Richard, je serais très curieux de voir ce tableau; vous me le montrerez, n'est-ce pas ?

— Je suis désolé de vous refuser, cher ami, mais je vous ai dit que cette peinture était un secret... jusqu'à nouvel ordre.

— Si nous polkions, demanda Fœdora, cela serait, je crois, préférable et beaucoup plus divertissant que de parler peinture et tableau, fit Fœdora en allant vers Richard.

Faites-moi polker, Richard; j'ai à vous parler, ajouta-t-elle tout bas.

— Veuillez m'accorder la même faveur, belle dame! s'empressa de demander Veauluisant, en venant prendre la main d'Hélène, qui accepta en riant.

Alice se remit au piano.

— Si vous me faisiez ce tour-là, je vous brûlerais la cervelle à tous les deux.

— Chère amie, le tour se fera, c'est à vous de faire en sorte qu'il ne s'exécute pas en public, et surtout en présence de votre mari.

— Vous et Gilbert, vous êtes deux ingrats, traîtres et méchants.

— Voyons, il y a moyen de s'arranger,

indiquez-moi où je pourrai dire deux mots à un certain Delmare de votre connaissance, et ce soir, de retour à l'atelier, je déchire le croquis.

— Richard, cela m'est impossible, sous peine de causer plus d'un malheur.

— Je n'en vois qu'un seul en tout cela, la mort de ce calomniateur que je tuerai.

— Encore une fois, je ne puis vous indiquer cet homme.

Et comme Richard gardait le silence.

— Richard, ne faites pas ce tableau, je vous en conjure... je redeviendrai comme autrefois, l'amie sincère et dévouée de vous et de Gilbert, et m'efforcerai de réparer le mal que j'ai fait... Répondez, Richard... vous aimez madame de Rieux, je le sais, je l'ai deviné, eh bien !...

A cet instant le piano cessa de résonner, et la polka, en expirant, coupa la parole à Fœdora.

— En vérité, monsieur Veauluisant, je suis surprise de votre légèreté. Vous êtes un agile danseur, disait Hélène au gros homme tout en sueur, qui la reconduisait à son siége.

— Madame, il n'y a qu'en amour qu'on pourait ne pas être léger envers vous, répliqua Veauluisant en souriant et d'un ton gracieux, en s'éventant avec son mouchoir.

— Vous êtes d'une galanterie charmante, monsieur, répliqua Hélène.

—Allons, Veauluisant, soyons honnête homme avant tout, en ne profitant pas de l'absence de M. de Rieux, pour faire votre cour à sa femme, disait Fœdora à son mari, en s'asseyant à côté d'Hélène, tandis que Richard causait avec Alice.

—Chère amie, je ne me suis pas inquiété de ce que votre danseur vous faisait la cour tout à l'heure, en polkant, faites de même, en me laissant dire à madame, qu'elle est belle autant qu'elle est aimable, autant aimable que belle.

— Décidément, monsieur, vous devenez dangereux; et je sais gré à madame votre épouse de m'être venue en aide par sa présence, fit gaîment Hélène.

— Cher ami, Richard vous appelle, allez voir ce qu'il vous veut, et laissez-moi causer avec madame, dit Fœdora.

Veauluisant, de qui l'éloquence était à bout, sentant qu'il allait rester court, ne demanda pas mieux que de se rendre à l'appel du statuaire.

— Il me semble que ce soir notre gentille et bonne Alice est moins triste que de coutume, voyez, elle sourit à mon mari, observa Fœdora, en s'adressant à Hélène.

— En effet! la pauvre enfant paraît oublier un peu ses chagrins, répliqua madame de Rieux en portant son regard plein d'intérêt sur la jeune fille.

— Vous l'aimez bien, n'est-ce pas?

— Comme on aime une bonne sœur... Qui n'en ferait autant que moi, après avoir apprécié ses excellentes qualités.

— Je pense ainsi que vous, seulement, une chose qui me surprend beaucoup chez cette jeune fille, est l'indifférence qu'elle témoigne à l'égard de M. de Rieux, à qui elle n'adresse jamais la parole et dont elle semble même éviter les regards, avez-vous remarqué cela comme moi, chère dame?

— En effet, mais j'attribue cela à l'excessive timidité d'Alice, ainsi qu'au peu d'attention que lui témoigne mon mari qui, sans cesse occupé ou absent, n'a pas encore eu le temps, sans doute, de l'apprécier, mais qui ne pourra que l'estimer, l'aimer autant que je l'aime, lorsqu'il la connaîtra mieux.

— Savez-vous, chère dame, que si vous n'étiez la reine des femmes en beauté comme en esprit, il serait imprudent à vous, d'avoir pour demoiselle de compagnie, une aussi jolie fille, surtout avec un jeune mari?

— Madame, je respecte trop M. de Rieux

pour avoir conçu une pareille crainte, et la vertu d'Alice m'est le plus sûr garant de mon repos et de mon honneur, répliqua Hélène.

— C'est égal, il y a imprudence, je vous le répète, et à votre place je ne m'y fierais pas... Mon Dieu! combien, sous l'apparence de la froideur, se cachent d'intrigues amoureuses et adultères?

Hélène, irritée, se disposait à répondre, lorsque, sans lui en donner le temps, Fœdora reprit en ces termes :

— Voyez donc ce pauvre Richard, comme tout en écoutant parler mon mari, ses regards se fixent sur vous avec tendresse... Décidément, je parierais que ce garçon-là vous aime d'un amour passionné.

— De grâce! madame!... Je ne sais en

vérité pour quelle raison vous vous plaisez, depuis un instant, à me tenir d'étranges propos, à me faire entendre de perfides insinuations, qui pourraient être dangereuses pour toute autre femme que moi, qui ai confiance dans l'honneur de mon mari, la vertu et la délicatesse de ma jeune amie, et connais les devoirs que m'impose le titre d'épouse. Croyez-moi, madame, s'il vous plaît, à l'avenir, de conserver l'estime des gens qui vous accueillent, étudiez mieux votre langage, et surtout, évitez de les blesser dans ce qu'ils ont de plus cher et de plus sacré.

Cela dit d'un ton sévère, Hélène se leva précipitamment et s'éloigna de Fœdora, pour aller se joindre au petit groupe, qui causait amicalement devant le piano.

Richard, qui n'avait pas perdu de vue les deux femmes, en voyant Hélène rompre brusquement l'entretien et se lever pour venir à eux, devina sans peine, que Fœdora venait encore de faire des siennes, et tout en voulant nuire aux autres, d'indisposer madame de Rieux en sa faveur.

— Décidément, cette femme est incorrigible, il faut nous en débarrasser, la renvoyer à Paris de gré ou de force, pensait le jeune homme, tandis que Fœdora, humiliée de la manière dont Hélène venait de la quitter, se mordait les lèvres en regrettant d'avoir eu la langue trop longue.

— Il se fait tard, monsieur, et je pense qu'il est temps de nous retirer, dit-elle d'un ton sec en s'approchant de son mari.

— Déjà, Bichette! mais il n'est encore que dix heures moins le quart.

— N'importe, monsieur, je me sens fatiguée et désire rentrer.

— Serais-tu indisposée?

— Je ne me sens pas bien, répondit Fœdora, dont le dépit ne faisait que croître de plus en plus, en n'entendant personne élever la voix pour la retenir, mieux encore, Hélène éviter ses regards en tenant les siens attachés sur un cahier de musique qu'elle avait à la main.

Le débonnaire époux se rendant, quoiqu'à regret, aux désirs de sa femme, prit son chapeau, son parapluie et salua la maîtresse de la maison qui, par politesse, les reconduisit jusqu'à la porte du salon où elle leur adressa un froid adieu, qui pouvait aisément se traduire par ceci :

— Au plaisir de ne plus vous revoir, ce que comprit parfaitement Fœdora, que le dépit suffoquait et qui partit le cœur gonflé de colère.

— La méchante femme! fit Hélène en revenant auprès de Richard et d'Alice.

— Ce n'est sans doute pas que d'aujourd'hui que vous vous en apercevez, madame? dit Richard.

— Jamais, du moins, elle ne me l'avait mieux prouvé.

— Moi qui connais cette femme depuis longtemps, qui devine sa pensée et son langage rien qu'au mouvement de ses lèvres, j'aurais parié, tout à l'heure, en la voyant vous parler, qu'elle calomniait son prochain, où bien essayait de vous indisposer contre lui en jetant dans votre cœur le germe de quelque mauvais soupçon.

— Vous deviniez juste, monsieur Richard ; mais j'espère bien que cette femme n'osera plus se représenter ici.

Quelques instants après, et comme onze heures sonnaient, Richard, après avoir souhaité une bonne nuit aux deux dames, quittait le château et se dirigeait vers sa demeure, Richard, qu'Hélène avait suivi des yeux en soupirant tout bas :

— Cette femme aurait-elle dit vrai? Il m'aimerait! Pauvre jeune homme!

Richard donc, en rentrant, trouva Gilbert endormi, assis devant une table, la tête appuyée dans les deux mains, et sous ses yeux la figure d'Alice qu'il s'était amusé à crayonner sur un papier tout constellé des larmes dont il l'avait arrosé.

— Ami, que fais-tu là ? dit Richard en appuyant sa main sur la tête de Gilbert qui, réveillé en sursaut, ouvrit les yeux, et apercevant Richard, essaya de cacher le dessin en le repoussant vivement sous un autre papier.

— C'est ça, cache-toi de moi... Crois-tu que je n'ai pas reconnu l'original de ce portrait, cette tête charmante que j'admirais encore tout à l'heure, sur un corps plein de grâces ? Pauvre Gilbert ! penses-tu donc tromper l'amitié, quand tu dis ne plus l'aimer ?

— Tu l'as vue ce soir, Richard, sans doute rieuse, folle et coquette au milieu de tout ce monde qui peuplait le salon !

— Je l'ai trouvée ce qu'elle est chaque jour, triste, pensive, les larmes dans les yeux, pensant à toi, sans nul doute, comme ici tu pensais à elle... A propos! une nouvelle! Fœdora vient de se faire congédier ce soir par madame de Rieux qui lui ferme sa porte; il paraîtrait que, fidèle à ses habitudes, la chère femme, dans un court aparté avec Hélène, a lâché bride à sa langue de vipère.

— Oh! cette femme, je la maudis! s'écria Gilbert.

— Tu en as peut-être le droit, car rien ne m'ôtera de l'idée que tu as été la dupe des intrigues de cette misérable qui, espérant te ramener à elle, aura calomnié la fille la plus vertueuse et la plus digne d'adoration. Car, vois-tu, ami, lorsque j'admire

Alice, lorsque je contemple ce visage plein de calme, de candeur, lorsque je sens mon cœur saigner à l'aspect de cette douleur noble, silencieuse, résignée, empreinte dans tous ses traits charmants, je me dis : cet ange n'est point déchu, cette fille est la vertu la plus pure, et alors, Gilbert, je suis tenté de tomber à ses pieds et de lui demander pardon de l'affront que tu lui as fait.

— Au nom du ciel, ne me dis pas qu'elle est innocente, car si cela était, ô mon Dieu! et qu'elle me refusât le pardon, je me tuerais, Richard, je me tuerais! interrompit Gilbert avec force et désespoir.

— Une femme qui aime, pardonne toujours, mon cher ami, et si tu veux t'en convaincre, viens demain avec moi, tomber aux pieds d'Alice.

— Ah ! si j'étais certain !...

— Certain de quoi ? que Fœdora a menti que tu as été la dupe de cette drôlesse ! Comment, tu n'es pas encore convaincu de ce fait ?

— Mais toi-même, Richard, quoi t'assure que Fœdora m'a trompé ! que tout ce que j'ai entendu à la villa de Montmartre, soient autant d'impostures dictées par elle pour m'être répétées ?

— La parole d'Alice, ses larmes, sa douleur, sa noble indignation à la pensée que tu as pu ajouter foi aux lâches calomnies qui ont flétri sa vertu. Gilbert, crois ton meilleur ami, celui qui, autant jaloux de ton honneur que du sien, ne voudrait pas te faire commettre une bassesse dont il rougirait autant que toi. Gilbert, Alice est un ange de pureté; Alice n'a jamais cessé d'être digne de ton respect et de ton amour... Viens, viens demain avec moi, implorer à ses genoux le pardon qui doit te rendre heureux.

— Oui, Richard, j'irai, car je sens que sans elle, sans son amour, il me faudra mourir, répondit Gilbert en larmes, en se jetant au cou de son ami.

Le lendemain de cette scène entre les deux amis, deux autres personnes matinales se promenaient ensemble tout en causant, dans une avenue sablée qui, pareille à un large ruban d'or, tournait autour d'une verte plouse de gazon.

Ces deux personnages étaient Julian et Alice.

— Oui, je vous le répète, disait le premier à la jeune fille, si ce Gilbert vous avait sérieusement aimée, aurait-il aussi facilement ajouté foi aux propos injurieux qui vous déshonorent à ses yeux, et sans daigner entendre votre justification se serait-il brusquement éloigné pour aller se livrer à d'autres amours, devenir l'amant de cette Fœdora, pour qui seule il est venu se fixer à Marly, cette femme qui l'aime toujours et trompe pour lui le meilleur des maris.

— Gilbert, l'amant d'une femme mariée, dites-vous, monsieur Julian? oh! mais cela est infâme, et je n'ose y ajouter foi... Peut-être, ainsi que moi, lui et cette femme sont-ils les victimes d'une lâche calomnie, dont le dard envenimé transforme souvent la sainte amitié en un coupable amour.

— Je comprends, chère Alice, que votre âme innocente et pure se refuse à croire le mal, et en dépit de celui qu'elle entend dire, elle s'obstine à aimer un ingrat indigne d'occuper sa pensée, hélas! mon Dieu! quel intérêt, autre que le vôtre, me forcerait de vous dévoiler les torts de ce Gilbert. Pourquoi encore m'obstinerais-je à le dire injuste, ingrat envers vous, si je ne possédais la preuve de ce que j'avance.

— La preuve! fit Alice en levant son regard désolé sur Julian.

— Oui, une lettre écrite tout récemment à cette Fœdora sa maîtresse; lettre que cette imprudente femme perdit hier, sans doute, dans ce parc et ramassée par moi.. Alice connaissez-vous l'écriture de Gilbert? demandait Julian en ouvrant une lettre qu'il venait de sortir de sa poche.

— Je la connais, répondit vivement Alice.

— Alors, écoutez ce style :

« Chère et bien-aimée Fœdora, âme de
» ma vie, adoration de mon cœur, j'ai reçu
» ce matin le joli billet doux dans lequel,
» après m'avoir répété cent fois que tu
» m'aimes, tu me préviens qu'il te sera im-
» possible de me venir voir aujourd'hui, parce
» que ton gros mari veut t'emmener au bois.
» Ce contre-temps qui change pour moi, en
» un jour de tristesse celui que je comptais
» donner tout à l'amour et à la joie, fait
» mon désespoir. Méchante, quelle fâcheuse

» idée as-tu eu là, de te marier, nous étions
» si heureux avant l'affreux conjungo qui
» te ravit les trois quarts du temps à ma
» tendresse. Chère amie, puisqu'un barbare
» époux nous sépare aujourd'hui, n'oublies
» pas que demain je t'attends chez moi, que
» manquer à ce nouveau rendez-vous serait
» vouloir la mort de l'homme qui n'a ja-
» mais aimé autre femme que sa Fœdora.

» Signé, GILBERT. »

Après avoir lu, Julian remit la lettre dans la main tremblante d'Alice qui, pour la lire à son tour, essuya les larmes qui voilaient ses yeux.

— Oh! vous avez raison, monsieur, Gilbert ne m'a jamais aimée, murmura Alice en rendant la lettre à Julian.

— Et c'est d'un pareil homme dont vous

pleurez sans cesse la perte. Cet homme qui a été assez lâche pour vous laisser accuser sans oser vous défendre! assez infâme pour vous croire coupable sur de simples paroles, et insulter celle qu'il disait aimer, au point de l'abandonner au moment où, pour se donner à lui, elle venait de revêtir la parure nuptiale. Cela, sans penser que ce même abandon, pour ainsi dire au pied de l'autel où elle, allait se donner à lui, lui appliquait au front le stigmate d'une honte que lui ravissait pour toujours le doux espoir de devenir épouse et mère!... Chère et malheureuse enfant! reprit Julian après un instant de silence passé à écouter les sanglots de la jeune fille. Chère et malheureuse enfant! non, il ne sera pas dit que ton existence s'écoulera triste et flétrie ; à moi de te réhabiliter aux yeux du monde, à moi de lui prouver que tu es digne d'être la compagne d'un honnête homme et non la fille flétrie qu'il repousse... Alice, je suis riche, libre, sans famille ; ma santé affaiblie exige les soins d'une compagne dévouée, à laquelle je léguerai tout mon bien... Alice, voulez-vous de moi pour votre mari? termina Julian en s'inclinant devant Alice, que cette brusque demande remplissait d'émotion.

Après un instant de silence, et avoir relevé Julian, d'une voix faible :

— Monsieur, dit-elle, cette demande qui m'honore, ne me surprend pas de votre part, vous qui me savez innocente et pure, mais le monde qui ne pense pas ainsi, ne manquerait pas de blâmer une pareille union et de vous retirer son estime, en vous voyant devenir l'époux d'une fille qu'il croit perdue, deshonorée... Il ne me sera donc permis d'accepter le titre que vous daignez m'offrir, que le jour où M. de Rieux repentant et fatigué de me voir souffrir, me prendra en pitié en proclamant hautement mon innocence, en avouant qu'il a menti en me disant sa maîtresse.

— Mais Alice, en vous nommant publiquement ma femme, n'est-ce pas donner un démenti à cet homme !

— On dira, monsieur, que vous m'aimez, et que chez vous l'amour l'emporte sur l'honneur.

— Alice, si par un aveu signé de la main de Gaston, je puis prouver qu'il vous a calomniée ?

— Il ne signera pas cela, reprit Alice.

— Il le signera, vous dis-je, il le signera ! fit Julian d'une voix menaçante, puis, reprenant d'un accent plus doux :

— Alors, pourrais-je espérer, Alice ?

— Vous êtes noble, bon et généreux, monsieur, espérez donc, murmura la jeune fille en faisant violence à son cœur.

— Que Dieu vous rende le bien que vos paroles me font éprouver en ce moment, chère Alice. Oui, vous serez la femme révérée de tous, la compagne du pauvre malade, qui n'exigera de votre dévoûment qu'un peu de pitié pour ses souffrances.. Adieu, Alice, à bientôt votre réhabilitation et mon bonheur.

Ces paroles, dites avec enthousiasme, Julian s'empara de la main de la jeune fille pour y déposer un baiser.

— Moi, la femme d'un autre que Gilbert... Eh bien! oui, j'accepte ce nouveau malheur, dussé-je mourir après. Gilbert! tu apprendras du moins, que mieux que toi cet autre aura su m'apprécier, soupira Alice en regardant Julian s'éloigner.

Quelques instants plus tard, Julian enfermé chez lui traçait ces lignes d'une main rapide :

« Vite à l'œuvre! elle consent à devenir
» ma femme. Il faut presser la chose, afin
» que la fortune en question nous soit ac-
» quise d'ici à quinze jours. Aies surtout
» grand soin d'intercepter toutes les lettres
» adressées à mademoiselle Leroux, et aus-
» sitôt après le décès, écris-moi pour que

» j'épouse, ne pouvant prudemment rien
» conclure avant d'être certain de l'héri-
» tage. Adieu, chère mère et à bientôt.

» Ton fils, JULIAN. »

VI

La pêche de Guillaume.

Alice, après avoir vu s'éloigner Julian, continua sa promenade dans le parc où elle aimait à s'isoler, sous les sombres avenues, afin de s'y livrer en silence à toute l'amertume de ses pensées.

L'engagement qu'elle venait de prendre avec Julian, suite de l'estime que lui inspirait cet homme qui, depuis qu'elle habitait le château, n'avait cessé de l'entourer de soins, de preuves amicales, de lui prodiguer les plus douces consolations en lui répétant chaque jour qu'il la savait pure et digne de tout le respect dû à la vertu, cet engagement l'inquiétait malgré elle.

N'avait-elle pas été trop légère en cette circonstance? se demandait-elle, et le dépit qu'avait excité chez elle la lettre de Gilbert à Fœdora n'entrait-il pas pour beaucoup dans la manière prompte, irréfléchie, avec laquelle elle avait accédé à la demande que Julian venait de lui faire de sa main?

Mais qu'était-ce que cette crainte auprès des douleurs qu'elle avait endurées? où trouver ailleurs que dans l'époux qui s'offrait à elle, le protecteur qui lui était nécessaire contre les évènements qui pouvaient surgir plus tard et la rejeter dans le monde, sans asile et sans ressource ? Indignement flétrie dans sa réputation si ce n'était dans son honneur même, tous les rêves de bonheur qu'elle avait faits étaient à jamais évanouis, pour elle qui désormais désirait s'enfermer dans sa souffrance comme dans une prison close au soleil et à la joie.

Aussi, la pauvre Alice voulait-elle oublier Gilbert, dont le souvenir ébranlait son courage.

Telles étaient les pensées qui assaillaient la jeune fille, lorsqu'au détour d'une allée elle se trouva en face de Gilbert qui, sans lui donner le temps de le reconnaître, tomba à ses pieds en levant vers elle un regard humble et suppliant.

— Vous, monsieur ! fit Alice, après avoir jeté un cri de surprise.

— Moi, Alice, que vous voyez à vos genoux, honteux, désolé, suppliant !

— Relevez-vous, monsieur, et laissez-moi m'éloigner, reprit la jeune fille d'une voix tremblante, et en essayant de dégager sa main dont le jeune homme s'était emparée.

— Oh ! pardon, je sais que ma présence est une offense pour vous, loin de qui la douleur me fait mourir.

— Que me voulez-vous encore, monsieur.

— Votre pardon, votre amour, chère Alice.

— Mon Dieu! qu'osez-vous me faire entendre, monsieur, après la honte dont vous m'avez couverte? vous qui avez douté de mon honneur, méconnu l'amour pur et sincère que pour vous renfermait mon cœur, vous qui, après avoir écouté les venimeux propos de la calomnie, m'avez condamnée sans m'entendre, jugée indigne d'être votre femme et repoussée du pied comme un être impur.

— Grâce, chère Alice, pitié pour moi dont le plus brûlant désir est de réparer mes torts, en devenant votre époux, en vous proclamant la plus sage et la plus sainte des femmes. Car, je vous aime, Alice, et sans vous la vie m'est désormais impossible! Oh! soyez généreuse, pardonnez, pardonnez!

— Et que penserait le monde, Gilbert, en vous voyant épouser la femme que déjà vous avez répudiée ?

— Ah ! je forcerai bien ce monde à se taire, répliqua le jeune homme d'un ton menaçant.

— Gilbert, reprit Alice avec calme, je ne doute pas de votre repentir, oui, aujourd'hui, vous mépriseriez les bruits qu'il y a huit mois vous acceptâtes avec confiance; mais un jour, quand votre amour aura tiédi, car tout cesse ici-bas, alors, vous vous repentiriez peut-être de votre étourderie de jeunesse, ce jour-là, vous vous rappelleriez avec effroi un triste passé, qu'aujourd'hui, dans l'aveuglement de la passion, vous semblez dédaigner, et qui alors, serait pour vous comme pour moi, une torture éternelle... Vous voyez, Gilbert, que nous ne pouvons être l'un à l'autre, nous, entre qui la calomnie, l'injure, le doute ont élevé une barrière infranchissable.

— Alice, un mot de vous et cet obstacle que s'efforcent d'élever vos scrupules, doit tomber à l'instant. Dites-moi le nom de l'infâme qui, par ses impostures, a osé porter atteinte à votre réputation, son nom, vous dis-je, pour que je puisse lui faire avouer publiquement son crime et le tuer ensuite.

— Mon Dieu! fit Alice en pâlissant, vous voulez vous battre, le tuer, lui!

— Oui, le tuer ou mourir moi-même, en essayant de vous venger! Son nom, son nom, Alice!

— Je ne vous le dirai pas, monsieur, répondit la jeune fille avec fermeté.

— Vous ne voulez donc pas que je vous venge, que je châtie cet homme ?

— Non ! répliqua Alice.

— Non ! mais alors, vous l'aimez donc cet infâme, pour courber la tête sous le poids de la honte que ses calomnies vous ont infligée plutôt que d'exposer sa vie ? reprit Gilbert avec surprise et dépit.

— Cet homme est un misérable que je méprise, mais il ne doit pas mourir et je ne le nommerai pas, répliqua la jeune fille.

— Ainsi, vous repoussez la réparation qui vous est offerte, vous ne voulez pas être vengée ?...

— Qui vous a dit que je désirais l'être, et que si je le voulais, ce serait vous que je chargerais de ce soin ? demanda Alice avec fierté.

— Décidément, vous aimez cet homme, peut-être dans l'espoir certain qu'il réparera ses torts en vous épousant, dit Gilbert avec ironie.

— Vous vous trompez encore, Gilbert, car c'est à un autre que lui, qu'aujourd'hui même je viens d'engager ma main.

A ces mots, Gilbert, recula de deux pas, puis pâlit mortellement.

— Mon Dieu ! mais j'ai mal entendu, n'est-ce pas ? reprit-il d'une voix tremblante, vous marier, vous marier à un autre que moi ! Alice, cela n'est pas, cela ne peut pas être, ou alors je deviendrais fou de désespoir... Oh ! dites que vous avez voulu m'effrayer, me punir.

— Monsieur, je ne mens jamais, et en vous disant que j'ai promis ma main, je vous ai dit la vérité.

— Ainsi, moi qui vous aime !...

— Vous vous consolerez, monsieur, avec votre tendre maîtresse, madame Fœdora Veauluisant, répliqua sèchement Alice, pour s'éloigner ensuite d'un pas rapide et disparaître aux regards de Gilbert qui, anéanti, presque fou de désespoir, n'eut pas la force de faire un pas pour la suivre, et, suffoqué par la douleur, tomba sur l'herbe privé de connaissance.

Tandis que les évènements marchaient ainsi au château de Gaston, Guillaume le menuisier ayant Thérèse, sa femme, sous son bras, et dans la matinée d'un beau dimanche, avait tourné ses pas du côté de la

Marne, dans l'intention d'y pêcher une friture, et de pousser jusqu'à la ferme que lui avait indiquée Alice comme étant le lieu où son père s'était rendu le jour de sa mort.

Ce fut donc vers ladite ferme que, avant de jeter la ligne, se dirigèrent le mari et la femme, en s'entretenant d'Alice, dont ils avaient reçu la veille une lettre des plus amicales, telle enfin que leur en écrivait toute les semaines la reconnaissante jeune fille.

— Dis donc, Guillaume, est-ce que ça ne va pas paraître drôle aux gens de cette ferme que nous tombions comme ça chez eux, pour leur parler de l'accident arrivé à ce bon M. Leroux? observa Thérèse.

— Dame! peut-être bien que oui; mais n'avons-nous pas un brimborion de papier sur lequel la fille du défunt nous autorise à faire cette démarche?

— Tu as raison, Guillaume; allons-y donc de bon cœur, répliqua la jeune femme en entraînant son mari.

— Salut à la compagnie, disaient Guillaume et Thérèse, un instant après, en entrant dans une salle de la ferme située au rez-de-chaussée, et dans laquelle se trouvaient réunis autour d'une table et en train de manger, plusieurs ouvriers et filles de basse-cour.

— Quoi qu'il y a pour vot' service, monsieur et madame, fit en se levant un des ouvriers qui paraissait être le chef.

— Mon Dieu! pas grand'chose, seulement de recueillir, s'il y a moyen, quelques petits renseignements positifs sur un grand événement arrivé non loin de cette ferme, à un brave homme de ma connaissance appelé Leroux, lequel, m'a dit sa fille, mademoiselle Alice Leroux, s'est malheureusement noyé dans une marnière, il y aura bientôt un an de çà.

— En effet, ce malheur est arrivé, et c'est déjà de l'histoire ancienne... Mais, tenez, voilà Jérôme qui ce soir passait par-là en revenant des champs, et qui a aidé les deux messieurs qui avaient accompagné le noyé, à transporter son cadavre à la ferme, dit le chef, en indiquant à un bout de la table ledit Jérôme occupé de mordre dans un morceau de lard.

— Ah! oui, je me rappelons de çà, voire même que ces deux messieurs m'avons donné un bon pour-boire d'une douzaine de francs, fit ledit Jérôme la bouche pleine.

— Voyons, amis, il s'agit ici de rendre service à la demoiselle du défunt, la plus brave comme la meilleure des filles, en me disant, s'il est possible, le nom des deux hommes qui avaient amené ici le vieux Leroux, reprit Guillaume.

— Ça, camarade, pas moyen, vu que ces messieurs n'étaient connus que du propriétaire et de celui qui tenait alors ce bien en fermage, que depuis six mois, l'un et l'autre, après avoir vendu et quitté la ferme, sont partis, dit-on, pour l'Algérie. Tout ce dont je me rappelle, moi qui ne les ai vu que le jour de l'accident, c'est qu'ils m'avaient l'air de gens comme il faut, de richards, de monseigneurs assez bons enfants, à preuve le dévoûment de l'un d'eux, qui s'est bravement jeté à l'eau pour secourir et repêcher le noyé, qu'il n'a rattrapé malheureusement que trop tard, puisque le brave homme était mort.

— Ainsi, nul moyen de retrouver ces deux hommes ? reprit Guillaume.

— Rien n'étions si facile, ce me semble, en se rendant à la mairie du pays ousqu'ils ont signé l'un et l'autre le procès-verbal constatant le décès du noyé, observa Jérôme très judicieusement.

— Pardienne! oui, Jérôme a raison; seulement, comme c'étions aujourd'hui dimanche, la mairie est fermée et pas moyen d'y arriver.

— C'est fâcheux ; mais, comme il s'agit de rendre service à une bonne fille, je consens de grand cœur à perdre cette semaine une journée de travail pour venir me renseigner, dit Guillaume, pour ensuite s'informer du chemin qui conduisait à la marnière qu'il désirait visiter, chemin qui lui fut indiqué par Jérôme.

Guillaume et Thérèse quittèrent la ferme pour se rendre à la marnière, et, en cette intention, ils suivaient un petit sentier bordé d'une haie vive, lorsqu'un bruit de pas précipités qu'ils entendirent derrière eux, leur fit tourner la tête et reconnaître Jérôme qui courait après eux et les rejoignit, tout essoufflé de la course rapide qu'il venait de faire.

— Pardon, encore, mais je n'ai pas voulu jaboter devant tout ce monde de la ferme, un tas de curieux qui n'auraient pas manqué de m'assommer de questions..... Ça, voyons, quoi que vous désirez savoir concernant l'accident arrivé au défunt, au père de cette petiote que vous dites si bonne fille?

— Ce que je vous répondrai avant tout, camarade, c'est que le père de mademoiselle Leroux, une excellente créature, était riche avant de mourir, et, qu'après son décès, on n'a rien trouvé, pas le plus petit brin d'argent, pas de titres, rien enfin qui puisse indiquer à sa fille, son héritière naturelle, où son cher père a pu cacher ses écus de son vivant, ce dont il résulte que la chère demoiselle Alice Leroux se trouve aujourd'hui forcée de travailler pour vivre.

— C'est-y terrible, ça! fit Jérôme en interrompant Guillaume.

— Or, je me suis dit, à part moi, reprit le menuisier, qu'est-ce que le père Leroux allait donc faire à cette ferme ? Pourquoi ces deux hommes l'y accompagnaient-ils ?

— Pardienne ! je me souviens bien, moi, d'avoir entendu dire, lors de l'instruction, par l'un des hommes, que le sieur Leroux venait visiter la ferme avec l'intention de l'acheter, dit Jérôme.

— Ce qui prouve donc, clair et net, que ledit Leroux n'était pas sans le sou, puisqu'il désirait acquérir une propriété, et c'est en l'espoir que ces mêmes hommes pourront me renseigner sur tout cela, que je tiens infiniment à connaître leur demeure, afin de leur faire une petite visite et de causer un tantinet avec eux.

— Bien dit, fit Jérôme au moment où ils

arrivaient tous les trois au bord de la marnière, où, d'après la demande de Guillaume, Jérôme s'empressa de lui indiquer l'endroit où, disait-on, le pied avait glissé à Leroux et occasionné sa chute dans la marnière.

— Hum ! ça me paraît tout de même bien extraordinaire qu'un homme qui marchait sur ce chemin se soit laissé choir dans ce trou, à moins qu'on ne l'y ait un peu aidé, dit alors Guillaume en examinant le terrain, qu'en pensez-vous, camarade Jérôme ?

— Soit dit entre nous, il y a déjà ben longtemps que je m'suis dit ça, le lendemain même de l'accident, en venant examiner l'endroit ainsi que nous le faisons aujourd'hui, voire même que je me suis amusé à ramasser et à repêcher une foule de morceaux de papier répandus çà et là, afin de les rapprocher ensemble pour épeler ce qu'il y a dessus.

— Que disaient ces papiers ? interrogea vivement Guillaume.

— Ah ! dame, ils disaient des choses qui m'ont fait venir à l'idée que les compagnons du sieur Leroux pourraient bien l'avoir un brin aidé à passer de ce monde-ci dans l'autre.

— Ce qui veut dire, Jérôme, que ces hommes l'auraient tué pour le voler, fit vivement Guillaume en fixant le paysan.

— Soit dit entre nous, répliqua Jérôme en souriant.

— Et ces papiers, qu'en avez-vous fait? reprit le menuisier.

— Je les ai gardés, et peut-être, si je les

cherchais ben, les retrouverais-je dans quelque coin de la maison.

— Camarade, ne consentiriez-vous pas à me les montrer, à me les confier même, et de contribuer peut-être, par cette complaisance, à faire retrouver l'héritage de son père à une jeune fille qui, certes! saura reconnaître ce service.

Jérôme resta quelques instants à réfléchir avant de répondre, puis après s'être frotté le front et gratté l'oreille.

— A vrai dire, fit-il, je vous avouerai, l'ami, que si j'ai ramassé ces brimborions de papier, ce ne fut d'abord que par pure curiosité, puis, si je les ai conservés jusqu'au jour d'aujourd'hui, c'est que j'avons réfléchi que les camarades du noyé pourraient tout de même me les acheter un bon prix.

— Compris ! Voyant dans ces papiers l'indice d'une coupable action, d'un crime enfin, vous vous êtes bâti là-dessus une petite fortune...

— Ma fine, quelque chose comme ça, répliqua Jérôme en riant.

— Vous vous êtes dit : un jour j'irai trouver ces hommes, je leur dirai : j'ai en ma possession une preuve de votre crime. Eh bien, donnez-moi de l'argent et je vous promets l'impunité, de voler le bien de l'orpheline après que vous avez tué son père... Jérôme, ce que vous voulez faire là est une bien vilaine action, une lâcheté, c'est vous rendre volontairement le complice de deux scélérats que, tôt ou tard, la justice atteindra et qu'elle châtiera, croyez-moi, ami, un bon mouvement du cœur et Dieu vous en récompensera... Montrez-moi ces papiers, confiez-les moi enfin, aidez-moi, s'il se peut, à faire une bonne action, et mademoiselle Alice Leroux, ainsi que moi, nous vous citerons comme un honnête homme et notre meilleure ami.

— Ma fine! vous avez raison, camarade, allons à la maison, où ma femme nous montera une bouteille, et tout en trinquant, nous examinerons ensemble les brimborions en question, qui me font l'effet de n'être ni plus ni moins, que la reconnaissance d'une grosse somme empruntée au défunt.

— Soit, camarade, conduisez-nous, et recevez d'avance ma parole d'honnête homme, que, si de tout cela il résulte du bonheur pour ma chère petite protégée, vous n'aurez qu'à vous louer de sa générosité, car mademoiselle Leroux, voyez-vous, est une de ces bonnes âmes qu'on aime à obliger quand même, une de ces femmes qu'on respecte, pour laquelle on se mettrait dans le feu rien que pour lui être agréable.

Tout en causant, nos trois personnages qui avaient toujours marché, atteignirent une petite maison, espèce de chaumière, située sur la route de Joinville à Champigny, demeure de Jérôme, qui introduisit Guillaume et Thérèse dans une pièce située au rez-de-chaussée, propre, mais pauvrement meublée d'un lit, d'une table et de quelques chaises boiteuses, plus, d'un banc de bois appliqué contre une muraille sans papier et que décoraient plusieurs images grossières.

La maîtresse de la maison, grosse et jouflue paysanne, à la mine franche et joyeuse, s'empressa de quitter un savonnage auquel elle travaillait à tour de bras, pour recevoir les deux personnages que lui amenait son mari et les engager à s'asseoir.

— Jeanne, j'ai fait connaissance de monsieur et de madame à la ferme... Ce sont de braves gens qui ont bien voulu te faire une petite visite, ils ont ben chaud comme tu vois; va donc nous tirer bouteille à la cave, afin que nous trinquions avec eux.

— J'y vas, mon homme, répliqua ladite Jeanne, en s'emparant d'un pot de faïence, pour ensuite se rendre à la cave, dont l'ouverture était située derrière la maison.

Jérôme, sans perdre de temps, ouvrit une petite armoire, et après avoir fouillé dans une liasse de papiers, en tira ceux qu'il y cherchait.

— Voilà l'affaire rassemblée et recollée de mon mieux, dit-il, en étalant sur la table, avec précaution, les deux lettres de change, jadis déchirées par Julian au bord de la marnière, après qu'il les eut retirées du portefeuille de sa victime, et dont il avait imprudemment, dans son trouble, jeté les morceaux au vent.

— Oh! oh! deux acceptations de cent mille francs chacune, souscrites au profit du sieur Leroux... Je comprends maintenant l'affaire... Oui, il est plus facile pour des coquins de noyer un créancier que de lui payer une pareille somme... Signé, Julian de Langenais... Gaston de Rieux !!...

En lisant ces deux noms, Guillaume ne

put retenir un mouvement de surprise, et l'indignation contracta les traits de son visage, devenu d'une pâleur mortelle.

— Décidément, ces papiers ont donc une valeur ? demanda Jérôme en allongeant une figure joyeuse et cupide.

— Je le pense.. Jérôme. Vous allez me confier ces deux papiers.

— Je ne demandons pas mieux, mais ma récompense ?...

— Camarade, c'est moi qui vous en réponds, et croyez qu'elle sera large, si toutefois l'affaire tourne à bien, ainsi que je l'espère.

— Mais quoi que vous allez faire maintenant ? reprit Jérôme avec inquiétude.

— Une chose très naturelle, essayer de

retrouver les deux hommes qui ont signé ces papiers, et leur dire ces mots :

— Payez, ou je vous dénonce comme deux misérables assassins que vous êtes... S'ils s'exécutent, je leur dis d'aller se faire pendre ailleurs, s'ils refusent je les livre à la justice.

— Fort ben, mais ma récompense, réitéra Jérôme.

— Encore une fois, l'ami, dormez en repos, car je me fais fort, si la fille du défunt rentre dans cet argent, qui lui appartient légitimement, de vous faire compter cinq bons mille francs. Est-ce gentil, ça ?

— Pas mal, mais si elle ne reçoit rien ?...

— Alors, vous n'aurez rien autre que la satisfaction d'avoir contribué à vouloir faire le bien, répliqua Guillaume en riant, tandis que Jérôme répondait à ces paroles par une piteuse grimace.

— Tenez, camarade, reprit ce dernier, j'ai dans la tête, moi, que ce qu'il y a de mieux à faire et la manière la plus sûre d'agripper un bon pour-boire, serait d'aller tout bonnement trouver ensemble les deux individus qui ont barbouillé ces chiffons de papier, et de les leur rendre, moyennant une bonne somme.

— Corbleu ! ce que vous proposez là, monsieur Jérôme, trahit un homme sans délicatesse ni probité, et je n'aime pas à m'asseoir, ni à trinquer avec des gens de la sorte, fit Guillaume en repoussant vivement le verre que Jérôme venait de lui emplir, et en se levant aussitôt.

— Comment, ce que je vous propose là, vous fâche?...

— Oui, certes! répliqua sèchement le menuisier.

— Jérôme, ainsi que monsieur, je trouve que tu manques de probité en ce moment, et pourtant tu es à l'ordinaire un bon et honnête garçon... Mais, voyez-vous, monsieur et madame, la misère fourre souvent, dans la tête des pauvres gens, des idées qu'ils repousseraient étant plus heureux, dit Jeanne qui était présente.

— Jérôme, vous êtes maître de me refuser ces papiers, mais l'affaire dont il s'agit est d'une trop haute importance pour que je n'y donne pas suite, en allant faire part de mes soupçons à la justice, qui alors viendra vous damander le dépôt que vous hésitez de me confier. Forcé alors de le lui livrer, n'ayant agi que par contrainte, vous perdrez tout le mérite d'une bonne action et vos droits à la reconnaissance de mademoiselle Leroux. Maintenant, réfléchissez et décidez.

— Comme ça, vous me tenez de bonne volonté ou de force, il faut que je m'exécute? reprit le paysan avec dépit.

— Jérôme, libre à vous d'agir en homme d'honneur ou de vous faire le complice d'un vol et celui de deux assassins, ce dont dame justice, qui ne plaisante jamais, vous demandera un compte sérieux.

— Pas tant de façons! la probité avant tout, s'écria la femme de Jérôme, en s'emparant des deux lettres de change restées sur la table, pour les plier et les remettre à Guillaume, cela, tandis que son mari, toujours indécis, se grattait l'oreille.

— Voyons, l'ami, dois-je vous rendre ces papiers ou bien les mettre en poche? fit Guillaume.

— Gardez-les, et au petit bonheur! répliqua Jérôme, tout en versant rasade.

— Alors, votre main, l'ami. Dieu vous récompensera de ce bon mouvement, dit Guillaume en présentant sa main, dans laquelle taupa gaîment le paysan.

— Il m'est d'avis pour couronner l'affaire et fêter notre entrée en connaissance, que nous ferions bien de nous transporter au cabaret le plus voisin, afin de dire deux mots à un lapin sauté, proposa gaîment Guillaume.

— Ma fine, ce n'est pas de refus, qu'en dis-tu, femme ?

— Qu'il n'est pas besoin de se déranger pour ça, vu qu'en fait de lapins, j'en avons de gros et de gras qui frétillons dans un coin de la maison, et que sans vanité, je saurons accommoder à s'en croquer les doigts.

— Tu as raison, femme... Allume le feu et lestement, tandis que je vas tapper sur la nuque du plus dodu de la lapinière.

— Va pour ledit lapin dont je paie la de sauce, avec accompagnement de café et pousse-café... C'est toi qui vas s'occuper de ce dernier article, Thérèse, vu ton adresse en l'art de perfectionner ledit moka.

En moins de deux heures passées, de la part des deux hommes en causerie, à fumer et à boire, Jeanne, aidée par Thérèse, déposa sur la table une ample gibelotte, accompagnée d'une poule au jus flanquée d'oignons, lesquels mets furent fêtés avec appétit et largement arrosés d'un petit clairet innocent, provenant de la cave de Jérôme, lequel repoussa généreusement la coopération de Guillaume dans la dépense du festin.

Après avoir pris congé de Jérôme et de Jeanne, Guillaume et Thérèse reprirent le chemin de Paris comme la cinquième heure du soir tintait aux horloges des villages environnants.

— Comprends-tu, femme, que ce soit justement chez l'un des assassins, un des voleurs de son pauvre père, que la chère demoiselle Leroux a trouvé un asile? disait Guillaume à sa femme, lorsqu'ils traversaient le bois de Vincennes.

— Guillaume, prends-garde de t'occasionner une mauvaise affaire, en accusant ainsi hautement d'un crime atroce deux hommes puissants, sans doute ! Réfléchis bien, mon ami, que la voix du pauvre ouvrier est d'un poids bien léger quand elle s'élève contre le riche.

— Ce que tu dis là, ma Thérèse, est plein de vérité et de bon sens, mais je possède une preuve accablante dans ces deux lettres de change.

—Quoi t'assure, Guillaume, qu'elles n'ont pas été payées à M. Leroux, et rendues par lui à ses débiteurs ?

— Lorsque le possesseur d'une valeur de ce genre la restitue au souscripteur ou à son porteur, après paiement, il appose son acquit au dos de ladite valeur, et cet acquit ne se trouve pas sur celles que vient de me remettre Jérôme, preuve qu'elles n'ont pas été payées, mais bien soustraites au créancier après sa mort. Plus encore, femme, toutes acquittées qu'elles sont, un débiteur conserve encore des papiers de cette valeur et ne les déchire pas pour le plaisir d'en jeter les débris au vent. Enfin, pour calmer tes craintes, chère femme, j'ajouterai que je n'ai pas la prétention d'aller moi-même à brûle-pourpoint, présenter ces titres à ce Julian et ni à ce Gaston, pour en exiger le paiement, la menace à la bouche, mais bien de m'entendre avec M. Richard, ce bon jeune homme, dont mademoiselle Leroux nous dit tant de bien dans les lettres qu'elle nous écrit.

— C'est un sage et prudent moyen que celui-là, mon Guillaume, parce que ce jeune homme qui doit s'entendre mieux que toi aux affaires, te dira ce qu'il pense de tout çà, et ne manquera certes pas de la prendre aussi à cœur que toi. Mon Dieu! quel bonheur si cette chère petite allait redevenir riche, et puis pouvoir se justifier auprès de son petit amoureux Gilbert qui, à ce qu'elle nous écrit encore, s'obstine toujours à la bouder.

— Je ne sais comment cela se fait, ni d'où ça me vient, Thérèse, mais j'ai dans l'idée que tout cela tournera bien pour mademoiselle Alice.

— Le ciel t'entende et t'exauce, mon bon Guillaume, répliqua Thérèse, en donnant un bon baiser à son mari.

VII

Où Fœdora fait encore des siennes.

Le même jour où elle avait engagé si légèrement sa main à Julian, où elle avait refusé à Gilbert le pardon et l'oubli qu'il implorait à ses genoux, et abandonné brusquement le jeune peintre dans le parc, Alice, dans l'après-midi de ce même jour et retirée dans son appartement, où elle se livrait seule et en silence à toute l'amertume de sa douleur, entendit un coup léger retentir sur la porte de la chambre où elle s'était enfermée.

— C'est moi, cher ange, ouvre sans crainte, fit une voix douce que la jeune fille reconnut pour celle d'Hélène.

— Que fais-tu ainsi seule ici, gentille ténébreuse? demanda la jeune femme en entrant souriante, pour aller se jeter sur un siége et faire signe à Alice de venir s'asseoir auprès d'elle.

— Je me recueillais, je m'amusais à m'ennuyer, répliqua Alice avec un sourire plein de mélancolie.

— Alice, j'ai beaucoup à causer avec toi, toi auprès de qui je viens chercher la certitude d'une nouvelle presque incroyable, qu'est venu me conter tout à l'heure, et de l'air le plus contrit, ce bon M. Richard, une nouvelle enfin qui, si elle est vraie, te mérites force reproches de ma part, pour ton manque de confiance envers ta meilleure amie.

— Des reproches! moi, manquer de confiance envers toi, chère Hélène! fit Alice surprise.

— Oui, à toi, petite dissimulée... Allons, ne fais donc pas l'ingénue!

— En vérité, Hélène, je ne te comprends pas, explique-toi, de grâce!

— J'y consens... Ce matin, m'a dit M. Richard, tu aurais promis ta main à Julian, et tu aurais eu la barbarie de conter cette mauvaise plaisanterie à ce pauvre Gilbert qui, à deux genoux, te suppliait de lui pardonner, de l'aimer encore, laquelle plaisanterie a failli le faire mourir de douleur. Toi, charmante et bonne, aller forger un pareil conte pour effrayer un pauvre amoureux que tu aimes de toute la force de ton âme, et auquel, je ne sais pourquoi, tu tiens rigueur, lorsqu'il te demande grâce et merci. Aussi, lorsque M. Richard est venu me parler de ce monstrueux hymen, ai-je donné cours au plus violent éclat de rire qui se soit échappé de mes lèvres, depuis que je suis au monde.

— Hélène, il me semble qu'il n'y a rien là-dedans qui prête autant à rire, dit Alice d'un ton piqué. J'ai dit la vérité à M. Gilbert, je me serais fait scrupule de lui faire un mensonge.

— Mon Dieu ! c'est donc vrai ? tu consentirais à épouser un pareil homme, toi, Alice, dont le cœur est tout plein d'amour pour Gilbert, quoi que tu en dises ?...

— Hélène, je suis orpheline, sans fortune, déshéritée ou peu s'en faut d'une parente qui possède quelque bien, et de laquelle je suis peu aimée et entièrement abandonnée. Aujourd'hui, un homme honorable, dont l'âge est pour moi une garantie, demande ma main sans s'arrêter aux bruits injurieux qui ont attaqué mon honneur et mérité de la part de Gilbert l'abandon et le plus grand des affronts. Sensible à la démarche de M. Julian, j'ai dû accepter son offre, et je l'accepte sans répugnance ni regret.

— Alice, au nom du ciel ! ne fais pas cela, si tu ne préfères te condamner à un éternel malheur, au repentir. Car tu n'aimes pas ce Julian, et tu le détesteras lorsqu'il sera ton mari... Tu es orpheline, il est vrai ; mais ne suis-je pas pour toi une sœur, une mère qui te chérit ! Tu es sans fortune, dis-tu encore, mais je suis riche pour toi et pour moi...

— Hélène, il me coûte d'être à la charge d'une amie, lorsque, jeune, je pourrais...

— N'achève pas, Alice, et dis-moi ce que signifie ce scrupule mal placé que tu m'exprimes, cette fierté qui n'appartient qu'aux esprits étroits? Avoir peur des obligations, c'est le fait d'un cœur ingrat, et pourtant je sais que ton orgueil est placé assez haut pour ne pas s'abaisser à ces misérables détails. Je ne vois donc rien qui puisse faire de ce mariage un coup de désespoir.

— Hélène, M. Julian n'est plus jeune; il n'a pas dans le cœur ces trésors de tendresse qui font une femme heureuse, il ne m'a même jamais dit qu'il m'aimait d'amour; mais je lui crois une âme loyale et généreuse, et je l'estime, parce qu'il est le seul qui m'ait jugée digne de devenir la femme d'un honnête homme, et, à ce titre, je... l'aime, acheva péniblement Alice.

— Non, te dis-je, tu ne l'aimes pas. Il faut que tu sois folle vraiment, pour essayer de me faire croire à un pareil amour. Prends garde, pauvre enfant ! il y a là-dessous quelque mystère que je ne puis deviner, pour que ce Julian, qui jadis voulait épouser ma mère en faveur de sa fortune, consente aujourd'hui de s'unir à toi qui ne possède rien. Toi, accepter par raison un mariage aussi mal assorti ! Qui t'y force, qui te presse ?... Voyons, amie, parle, confie-toi à moi ! disait Hélène en pressant Alice sur son sein.

— Je te l'ai dit, Hélène, l'isolement, la crainte de l'avenir.

— Non, ce n'est pas ça ; avoue, pauvre insensée, que tu espères par ce mariage donner un démenti aux calomnies répandues sur ton compte, puis encore punir Gilbert de ce qu'il a été assez coupable pour douter de ta vertu. — Alice, ce n'est pas lui que tu puniras seul en te mariant à Julian ; tu le blesseras cruellement, lui qui t'aime de toute la force de son âme, mais toi, tu te tueras !... Si tu savais, reprit Hélène, quel avenir charmant j'avais rêvé pour toi ? Oh ! je ne suis pas égoïste, moi, bien que je vive dans la tristesse et abandonnée d'un mari que j'ai beaucoup aimé, que j'aimerais peut-être encore s'il revenait à moi. Bien que je trouvasse en toi une très aimable et fidèle compagne, je ne prétendais pas sacrifier ta vie à la mienne, car mon désir était de te voir entièrement heureuse en te mariant avec Gilbert, qui t'aime véritablement, en vous fixant tous deux auprès de moi, dans ce château, où nous n'aurions fait qu'une seule et unique famille... Maintenant, réponds, Alice, veux-tu toujours devenir la femme de ce Julian, et plonger ce bon Gilbert dans le plus profond désespoir?

— Je ne puis balancer entre ces deux hommes, Hélène, je te l'ai dit et je te le répète : l'un, qui semblait croire en moi, qui était certain d'être aimé, qui devait puiser dans cet amour que je lui portais un peu de force et de noblesse, celui-là, au premier souffle de la calomnie, au premier bruit qui lui arrive, oublie tout sans hésitation, sans remords, le passé, les saintes promesses qu'il m'avait faites; et, lorsque pour me donner à lui, pleine de bonheur et d'amour, je venais de me parer du bouquet virginal, c'est alors que l'ingrat me repousse avec ignominie et me couvre de honte aux yeux du monde qui, me croyant coupable, crie infamie sur moi! Quant à l'autre, arrivé à l'âge où l'on juge froidement, avec sagesse, sans amour, il m'a témoigné amitié sincère, estime, confiance, et, je te l'avoue, Hélène, j'ai cédé aux vœux de M. Julian de Langenais, parce que j'ai préféré l'estime de l'un à l'amour de l'autre.

— Ainsi, rien ne peut changer cette résolution, et de ta propre volonté tu acceptes le malheur de ta vie entière? reprit Hélène.

— J'accepte avec résignation le sort que m'impose la fatalité, l'impérieux besoin de la vie, autant qu'il est possible, la honte que la calomnie a imprimée sur mon front.

— Encore une fois, Alice, n'est-il autre moyen de te justifier, ne peux-tu indiquer l'homme infâme qui a flétri ta réputation pour qu'on force ce lâche à te faire une réparation publique?

— Je ne puis l'indiquer.

— Pourquoi? fit Hélène avec impatience.

— Ceci est un secret qu'il m'est impossible de révéler sans occasionner un grand malheur.

— Alice, je te connais assez pour savoir que ton silence repose sur une chose sérieuse, aussi n'insisterai-je pas davantage... Épouse Julian, et que Dieu te protége, chère enfant, termina Hélène en baisant Alice au front pour ensuite la quitter et retourner à son appartement où elle retrouva Richard, qu'elle y avait laissée, et qui attendait son retour avec impatience.

— Eh bien? s'empressa de faire le statuaire en allant vivement à la rencontre de la jeune femme.

— Eh bien ! ce n'est que trop vrai ; elle a promis sa main à ce Julian, et persiste à devenir sa femme en dépit de toutes les remontrances que je lui ai faites.

— Mais alors, mon pauvre Gilbert n'a plus qu'à mourir... Comment, hélas ! lui confirmer cette triste nouvelle, lui, déjà désespéré, malade ! Mon Dieu ! il est si pénible d'aimer sans espoir, de penser que la femme qui nous est chère ne nous appartiendra jamais, et qu'un autre possède ou possédera son amour et ses caresses. En vérité ! c'est à en devenir fou de douleur et de rage ! s'écria Richard en se frappant le front.

— A vous entendre exprimer de semblables souffrances, monsieur Richard, on dirait vraiment que vous faites partie de ces amants malheureux, reprit Hélène, qui se rappelant les paroles de Fœdora, désirait savoir s'il était vrai qu'elle fût aimée de Richard.

— En doutez-vous, madame? Eh bien! oui, j'aime, j'aime éperdûment, sans espoir d'être jamais payé de retour, sans même qu'il me soit permis de révéler cet amour à l'objet charmant qui me l'a inspiré, répliqua Richard en fixant sur Hélène un regard plein de tendresse, qui fit comprendre à la jeune femme que Fœdora ne l'avait pas trompée.

— Mais comment partager un amour qu'on ignore? reprit Hélène.

— Vous avez raison, madame, et quand bien même cette femme en serait instruite, quand bien même ma bouche serait assez audacieuse pour lui dévoiler le secret de mon cœur, je n'en serais pas plus heureux, car elle est sage, vertueuse et mariée.

— Mariée! fit Hélène en rougissant, oh! je comprends votre douleur, monsieur Richard, car si cette femme osait trahir ses devoirs d'épouse en vous aimant, elle deviendrait alors méprisable à vos yeux, et vous cesseriez de l'aimer... Mais alors, il faut être raisonnable et faire tous vos efforts pour effacer de votre cœur une passion aussi insensée, nuisible à votre repos, comme à l'art que vous exercez... Vous ferez cela, vous me le promettez, n'est-ce pas, fit Hélène en souriant et en présentant une main amicale, que Richard s'empressa de saisir pour y déposer, en tremblant, un baiser respectueux, et reprendre ensuite avec tristesse :

— L'oublier, renoncer à l'aimer, dites-vous, madame! oh! cela ne se peut pas, car, lorsqu'on aime une pareille femme, on vit et l'on meurt avec cet amour-là.

— Allons, plus de fermeté que cela, monsieur. A votre âge, la vie, c'est l'éternité, consacrez-la au travail, au plaisir, où vous trouverez l'oubli d'une passion folle et coupable...

— Merci de ce conseil, madame, mais je chéris même mon tourment, je n'aurais garde de jamais l'effacer de mon cœur... Adieu, madame, excusez-moi, mais un autre malheureux réclame ma présence et mes consolations, dit Richard, que le chagrin suffoquait à ce moment, en prenant son chapeau pour se retirer.

— Allez, monsieur, et surtout, revenez le plus tôt possible nous donner des nouvelles de votre ami, répondit Hélène en se levant pour reconduire Richard jusqu'à la porte du salon où venait d'avoir lieu cet entretien.

Notre jeune statuaire en rentrant au logis, retrouva Gilbert comme il l'avait quitté, c'est-à-dire, abattu, les yeux mouillés de larmes, enfoncé dans un vaste fauteuil et la tête appuyée dans sa main.

— Te voilà, cher Richard... L'as-tu vu, lui as-tu parlé, consent-elle enfin à me par- pardonner ? s'empressa d'interroger Gilbert.

— Mon bon, il y a apparence qu'il en sera ainsi, madame de Rieux m'a fait espérer, mais elle n'a pu voir encore ni entretenir Alice qui, depuis ce matin, s'est enfermée chez elle où elle refuse de recevoir qui que ce soit, où sans doute, en ce moment, elle pense à toi et consulte son petit cœur pour savoir si elle doit pardonner ou non, et comme son cœur est bon, je présume qu'il opinera en ta faveur. Or, console-toi et espère, mon cher ami.

— Hélas ! s'il arrivait le contraire et qu'elle persista à vouloir tenir les promesses qu'elle a faites à ce Julian !

— Damé ! ce serait fâcheux, très mal de sa part, et comme il faudrait en prendre forcément son parti, nous plierions alors bagage et abandonnerions ce pays pour retourner à Paris noyer notre chagrin dans les joies de cette capitale, tel est, ami, le conseil que vient de me donner madame de Rieux, après avoir écouté le récit de mes amours et de mes souffrances.

— Aurais-tu osé lui dire que tu l'aimes ?

— J'en mourais d'envie, à te vrai dire, mais craignant qu'elle ne me fermât sa porte après un tel aveu, je me suis contenté de lui faire savoir que je suis amoureux, sans espoir de retour, d'une femme belle, gracieuse et mariée, sans la lui nommer.

— Es-tu bien certain que madame de Rieux ne se sera pas reconnue à ce portrait ?

— Je crois que oui, à en juger à la rougeur pudique qui colora son charmant visage, au moment où je lui dépeignais l'objet aimé de mon cœur, puis encore à certain trouble qu'elle s'efforçait de dissimuler sous un charmant sourire. Enfin, qu'elle ait deviné ou non, le principal est qu'elle ne m'a pas fait flanquer à la porte par ses valets.

—Ce soir, Richard, il faut que tu retournes au château, que tu parles à Alice, afin de la supplier de m'entendre et lui dire qu'un refus de sa part est pour moi la mort. Il faut encore que tu portes à ce Julian une lettre que je viens de lui écrire. où je l'appelle en duel pas plus tard que demain.

— Un duel, y penses-tu? Non, cher ami, tu ne te batteras pas.

— Qui m'en empêchera?

— Moi, fit Richard.

— Je me battrai et je tuerai cet homme odieux, reprit Gilbert avec force et colère.

— Soit donc, puisque tu y tiens absolument, mais réfléchis que ton rival refusera pour cause de santé, l'offre que tu lui fais de te mesurer avec lui; vu que ce malheureux est réduit à l'état de phthisie, et que sa vie ne tient plus qu'à un fil. Or, Gilbert, il y aurait lâcheté de ta part de frapper un cadavre.

— Et un pareil homme veut devenir l'époux d'Alice!

— C'est peut-être de sa part un moyen adroit et généreux pour enrichir la jeune fille de son bien, en la faisant son héritière par contrat de mariage?

— Richard, quelle que soit son intention, il ne l'épousera pas; dussé-je le tuer traîtreusement, s'il osait persister dans cet abominable projet.

— Comment, une vengeance à l'italienne, un guet-apens, un assassinat, toi, l'honnête homme par excellence! Allons donc! tu n'en feras rien, et d'ailleurs, le cher Julian sera mort de sa propre mort avant que soient terminées les formalités nécessaires à l'accomplissement de son futur mariage.

C'était ainsi que Richard employait tous

les moyens possibles pour consoler son ami et de le rendre à l'espérance.

Laissons une huitaine de jours s'écouler durant lesquels aucun accident digne d'être raconté, n'est venu changer la position de nos héros, si ce n'est le surcroît de chagrin survenu à Gilbert, en apprenant de la bouche de Richard, qu'Alice refusait de lui pardonner, et qu'elle persistait dans sa résolution de se marier à Julian, malgré les prières et les observations que tous ses amis ne cessaient de lui adresser.

Le neuvième jour, Julian, dès le matin, reçut enfin une lettre de Chartres, lettre qu'il attendait depuis plusieurs jours avec une vive impatience.

« Mon cher enfant, lui écrivait sa mère,
» tout va bien, elle a pris le lit ne pouvant
» se soutenir, elle baisse à vue d'œil, au

» moral comme au physique, le médecin
» en désespère et ne lui donne pas huit
» jours à vivre. Je suis certaine qu'il n'existe
» pas de testament, et dans l'état où elle
» est, il n'est pas présumable que la chère
» femme pense à enrichir l'un aux dépens
» de l'autre. La petite nièce deviendra donc
» l'héritière de la totalité de la fortune de
» la vieille crasseuse. Or, cher fils, hâte-toi
» de conclure ton mariage avec cette fille,
» avant que les notaires ou les journaux ne
» lui aient appris le décès de sa tante et la
» bonne aubaine qui lui tombe du ciel,
» c'est, je pense, le plus sûr moyen de te
» rendre maître des caprices de cette petite
» si par hasard la fortune venait à lui tour-
» ner la tête, en faveur de quelque godelu-
» reau qui, alléché par ses écus, s'aviserait
» de lui conter fleurette. Maintenant, par-

» lons un peu de moi. Tu me fais de très
» belles promesses, cher enfant, tu es dans
» tes lettres d'une générosité sans borne
» envers moi, mais comme je te connais
» pour un malin, un gueux sans parole, un
» sacripant sans foi ni loi, je te préviens
» que je ne frapperai le grand coup qui doit
» achever la vieille, que lorsque tu m'auras
» envoyé le contrat de mille écus de rentes
» que tu me promets. Sans cela, n, i, ni, je
» ressuscite la tante, et adieu l'héritage.
» Telle est ma volonté, exécute-toi, et le
» lendemain du jour où tu m'auras mise en
» possession de ce titre, la vieille rendra
» son âme au diable.

» Ta mère qui t'embrasse, mauvais gar-
» nement. »

Julian, après avoir lu cette lettre, la froissa dans ses mains, en s'écriant avec colère :

— Que de lenteur! Maudite femme, elle me fera mourir avant l'autre, avec ses exigeances.

Et cela dit, il sonna son valet et lui commanda de l'habiller.

Ce fut vers l'appartement d'Alice que Julian, après avoir terminé sa toilette, se dirigea d'un pas lent et pénible, court trajet qu'il lui fut impossible de franchir sans avoir été contraint de s'arrêter pour respirer. Le malheureux en était réduit à un tel degré de prostration physique, qu'il avait peine à se tenir sur les jambes.

En voyant entrer chez elle cet homme au visage pâle et osseux, au corps maigre et chancelant, cet homme enfin, auquel elle avait engagé sa foi, Alice sentit se glisser dans son cœur un sentiment de regret et de répugnance.

— Bonjour, chère Alice, bonjour, ma belle et douce promise, dit Julian d'un air enjoué, en se raidissant contre le mal qui l'affaissait.

— Soyez le bienvenu, monsieur, répondit la jeune fille en avançant un siége sur lequel tomba Julian, comment vous sentez-vous, aujourd'hui? continua-t-elle en s'asseyant en face du visiteur.

— Oh! très bien, de mieux en mieux. Ce maudit rhume, fatigué de me tourmenter, bat enfin en retraite, et hier, mon docteur m'assurait que d'ici à quinze jours je serais entièrement rétabli.

— Le ciel veuille que cette prédiction s'accomplisse, monsieur, fit Alice.

— Çà, ma bien-aimée, parlons un peu de nos affaires... Quand la noce? quand me donnez-vous, en votre adorable personne, l'amie, la compagne que mon cœur désire et appelle de toutes ses forces?

— Je suis prête, monsieur, à devenir votre femme le jour qu'il vous plaira d'indiquer; mais ne pensez-vous pas qu'il serait prudent, dans l'intérêt de votre santé, de différer ce mariage, en l'ajournant à quelques mois?

— Reculer notre hymen! qu'osez-vous dire, Alice? Quoi, lorsque je vous demande la vie, le bonheur, vous me parlez d'attendre?

— Hélas! réfléchissez que votre position, l'état de faiblesse dans lequel vous êtes, exigent un grand repos, beaucoup de soins, de ménagements, et que les formalités, les cérémonies que nécessite un mariage, sont choses lourdes et fatigantes, observa la jeune fille qui, bien que décidée au sacrifice qu'elle s'était imposé, sentait son courage fléchir au moment de l'accomplir.

— Alice, c'est fort de votre promesse et autorisé par le saint engagement qui nous lie, que je viens vous dire que notre union s'accomplira dans quinze jours, et c'est à vos pieds que je vous conjure d'accepter ce terme qui est marqué pour mon bonheur.

— Vous l'exigez, monsieur, j'obéirai, répondit Alice d'une voix qu'altérait la vive émotion à laquelle elle était en proie à ce moment.

— Ah! merci, merci !... Alice, vous êtes sans fortune, je possède quelques biens et j'ai donné ordre à mon notaire de préparer notre contrat de mariage. Ce que je possède devient la fortune commune, et après ma mort, tout vous appartiendra. Êtes-vous satisfaite?

— Votre générosité est grande, monsieur, fit Alice.

— C'est qu'il me plaît de savoir que ma femme sera heureuse et indépendante, même lorsque je ne serai plus là pour veiller sur son bonheur, dit Julian en prenant la main d'Alice pour y déposer un respectueux baiser.

— Monsieur Julian, avez-vous instruit M. de Rieux de ce mariage?

— Ce diable d'homme est si rarement ici, que je n'ai pu trouver encore l'occasion de lui en parler; d'ailleurs, ceci n'est tout simplement qu'une question de politesse dont je m'acquitterai demain, lors de son retour de Paris, qu'il consent à déserter trois grands jours pour le consacrer à sa femme... Quel homme, mon Dieu!..

A ce moment, un coup fut frappé sur la porte; c'était la femme de chambre d'Hélène, qui venait prier Alice, de la part de sa maîtresse, de vouloir bien se rendre chez elle où elle l'attendait.

— Dites à madame de Rieux que je me rends dans un instant à son invitation, répondit Alice qui saisissait avec empressement cette occasion d'abréger son entretien avec Julian, lequel, après être demeuré quelques instants de plus auprès de la jeune fille, se décida à lever le siége pour prendre congé d'elle et retourner chez lui en murmurant ces mots, qu'accompagnait un sourire sardonique :

— Décidément, la chère fille en tient peu pour moi, qu'importe, puisque le dépit en me la jetant dans les bras, me la livre avec une fortune... Oh, je comprends, mignonne, que ma présence te gêne et trouble les pensées amoureuses que l'occasionne le souvenir d'un amant aimé. Eh bien, attends, ma toute belle, donne à ta fortune le temps d'arriver dans mes mains, puis ensuite je te rends à la liberté, ainsi qu'à tes tendres amours. Oh! je veux être pour toi le modèle des époux débonnaires.

Alice, aussitôt après le départ de Julian, s'empressa de se rendre chez Hélène, qu'elle trouva enfoncée dans un siége, le visage pâle, contracté, les yeux humides de larmes. Aux pieds de la jeune femme était une lettre échappée de ses mains.

— Tu m'as fait appeler, chère Hélène... Mon Dieu! qu'as-tu donc? tu me parais chagrine, désespérée... tu verses des larmes?...

— Alice, ramasses cette lettre, et lis ce

qu'elle renferme, répondit madame de Rieux.

La jeune fille, inquiète et tremblante, s'empressa de ramasser l'écrit pour en prendre connaissance.

Ainsi était conçue cette lettre, tracée par une main inconnue, sans signature, et adressée à Hélène.

« Madame, je crois devoir vous prévenir
» que vous réchauffez un serpent dans votre
» sein; que vous êtes la dupe d'une fille
» hypocrite, qui se dit votre amie.

» Il est temps, madame, de mettre fin au
» scandale qui règne dans votre maison,
» en chassant honteusement cette Alice Le-
» roux, qui n'est autre que la maîtresse de
» votre mari, lequel, il y a un an, et sous le
» nom emprunté de Delmare, vivait et pas-
» sait les nuits avec elle dans un pavillon

» situé dans une villa de Montmartre. Ne
» soyez donc plus surprise, madame, si,
» jusqu'alors, cette fille a refusé obstiné-
» ment d'indiquer celui qu'elle appelle un
» calomniateur, lorsqu'il ne fut autre que
» son amant aimé. Si vous avez la faiblesse
» de douter de la véracité de cette dénon-
» ciation, interrogez votre mari ainsi que
» sa complice, et, s'ils refusent d'avouer leur
» crime, c'est en interrogeant les habitants
» de la villa Montmartre, qu'il sera facile de
» vous convaincre que l'accusation que con-
» tient cet écrit est l'exacte vérité. »

Alice, plus pâle que la mort, se sentant défaillir, laissa tomber à son tour la lettre pour porter ses deux mains à ses yeux, où les larmes débordaient.

— Eh bien! pourquoi ce désespoir, ma chère amie? demanda Hélène en voyant

Alice dans cet état et suffoquée par les sanglots.

— Hélène, cette accusation est une horrible calomnie. Je ne suis point coupable, je le jure par le ciel ! reprit la jeune fille qui était tombée aux genoux de madame de Rieux, et vers laquelle elle levait des mains jointes et suppliantes.

— Relève-toi bien vite, chère enfant, et renfonce ces larmes qui abîment tes beaux yeux. Ah ça ! qui te dit que tu es coupable ? Ai-je donc l'air d'une femme courroucée, jalouse ? Est-ce que je n'ai pas deviné tout de suite que cette lettre abominable nous vient de cette madame Veauluisant, l'ancienne maîtresse de Gilbert, la plus méchante femme que j'aie jamais connue ? Va, sèche tes larmes, te dis-je, et embrasse ta meilleure amie. En disant ainsi, Hélène attirait Alice dans ses bras.

— Tu ne crois pas à ces calomnies, Hélène, et cependant, en entrant ici, j'ai surpris la douleur sur tes traits et les larmes dans tes yeux, reprit Alice en embrassant Hélène.

— Oui, Alice, je ressens en effet une profonde douleur, que m'inspire le dégoût d'être la femme d'un être sans honneur, d'un libertin. Ainsi, voilà l'homme qui, n'ayant pu triompher de ta vertu, s'est lâchement vengé de toi par la calomnie; l'homme qui a brisé ton bonheur, tes amours, un mariage qui devait faire ta félicité... Et moi, chère Alice, dans mon ignorance, je te condamnais à vivre face à face avec cet infâme, à respirer l'air qu'il respire, à te souiller de son regard! Ah! combien tu as dû souffrir, pauvre petite! Pourquoi ne m'as-tu pas dit tout de suite : Cet homme est un serpent dont la piqûre venimeuse a empoisonné mon existence?...

— Hélène, en te parlant ainsi, en accusant ton époux, c'était troubler ton bonheur... Aussitôt après avoir reconnu M. de Rieux, ma première pensée a été de fuir, de quitter sa maison ; mais tu étais là, Hélène, bonne, attentive, veillant sur moi comme une sœur chérie, de quel prétexte pouvais-je colorer mon brusque départ, étant forcée de t'en cacher le véritable motif? Ensuite, j'avais surpris tout ce que ton cœur renfermait de douleur; je te voyais délaissée, sans une amie dans le sein de laquelle il te soit permis d'épancher tes chagrins, une amie qui te console et pleure avec toi. Alors, Hélène, pour ne point être ingrate ni égoïste, je suis restée ; je me suis volontairement condamnée au supplice que devait m'imposer sans relâche la présence du bourreau de mon honneur et de mes plus chères amours brisées inhumainement par lui.

— Parle-moi sans crainte, Alice... M. de Rieux, dans les rares tête-à-tête que vous avez eus ensemble depuis que tu demeures ici, t'a-t-il jamais entretenu de ses torts envers toi et du désir de les réparer?

— Jamais; au contraire, M. de Rieux pour qui ma présence semble être un sujet de gêne et de contrainte, dont les regards se détournent des miens, dans les rares paroles qu'il m'adresse forcément, semble éviter avec soin tout ce qui pourrait rappeler ce qui s'est passé entre nous ou provoquer la moindre allusion à ce sujet.

— N'importe, je ne puis te condamner plus longtemps au supplice que tu endures ici; ensemble, Alice, nous allons quitter cette maison pour nous réfugier chez ma mère d'où partiront les actes nécessaires à la séparation que je vais demander aux lois.

— Qu'oses-tu dire, Hélène, tu veux te séparer de ton mari? fit Alice avec surprise et effroi.

— Telle est ma résolution, je ne puis vivre plus longtemps avec cet homme que je déteste et méprise autant que je l'ai aimé: avec ce dépositaire infidèle de mon bonheur et de ma fortune qu'il brise et dissipe loin de moi au profit de femmes perdues, de filles d'Opéra.

— Au nom du ciel, Hélène, attends avant de provoquer un scandale déshonorant pour l'homme dont tu portes le nom. M. de Rieux n'est peut-être pas incorrigible, inaccessible au repentir... Hélène, fais lui entendre ta douce voix, rappelle-le à la raison, à l'honneur, à ses devoirs, il est impossible qu'il te résiste et que l'amour l'union, le bonheur ne reviennent point habiter parmi vous.

— Tu t'abuses, Alice; chez un homme simplement égaré, entraîné par la fougue des passions, peut-être pourrait-on espérer un bon retour, mais M. de Rieux est un être sans cœur, ni reconnaissance; un misérable qui, sous un beau semblant d'amour, de probité et de fortune, s'est emparé de moi comme un voleur s'empare d'un coffre-fort, qu'il abandonne après s'être emparé de l'or qu'il renfermait. Alice, crois-moi, chère enfant, n'épouse pas Julian, cet homme est peut-être plus dangereux, plus perverti que Gaston, dont il connaissait la vie, les vices, le caractère, qu'il a aidé à me tromper, cet homme qui, poussé par un motif que je ne puis comprendre veut s'emparer de toi, de toi dont il fera sa victime, si la mort ne vient le surprendre avant qu'il ne t'épouse. Cet homme qu'on ne peut deviner ni comprendre, dont la fortune est problématique, cet homme enfin, l'ami de Gaston, qu'il semble dominer, rien que du regard... Alice, je ne sais ce qui me dit qu'il y a un crime qui unit ces deux hommes, Alice, ne deviens pas la femme de ce Julian, car peut-être un jour tu rougirais comme je rougirai, moi, d'être l'épouse d'un malfaiteur, que frappera la loi d'une peine ignomineuse.

— De grâce, Hélène, arrête-toi ! quelle affreuse pensée oses-tu exprimer? s'écria Alice effrayée.

— N'épouse pas ce Julian, te dis-je, il te trompe! reprit Hélène avec force, et d'ailleurs, est-ce donc à ton âge qu'on se fait la femme d'un moribond ? Qu'espères-tu d'une pareille union ? punir Gilbert, un pauvre amant qui t'aime, que tu aimes encore, que tu aimeras toujours, qui n'est coupable que d'avoir prêté trop facilement l'oreille à la médisance. Eh ! mon Dieu, qui ne sait que le véritable amour est facile à s'alarmer !

— Hélène, comme tu le dis, peut-être un jour aurais-je à me repentir, mais j'ai donné ma parole à M. de Lanjenais, et je ne me dédirai pas... Tu crains, dis-tu que quelque motif secret ne le pousse à m'épouser, et pourtant je suis pauvre, seule, sans autre ressource que la main bienfaisante que tu m'as généreusement tendue au jour du malheur.

— Alice, mon amitié qui s'inquiète en ta faveur, croit avoir deviné le but auquel aspire ce Julian. Cette pensée, qui vient de naître en moi, me dévoile tout l'astuce de ce misérable qui, quoiqu'au bord de la tombe, rêve encore la fortune... Alice, ne m'as-tu pas dit que tu as une tante âgée, riche et intéressée, dont tu es l'unique héritière?

— Oui, si toutefois plus généreuse en mourant, qu'elle ne l'aura été durant sa vie, elle daigne me laisser son bien, ce qui est douteux.

— Eh bien! Julian connaît cette parente, peut-être la sait-il malade, mortellement et te voyant d'avance l'héritière de cette femme, il convoite cet héritage et veut t'épouser pour s'en emparer.

— Quelle idée! fit Alice presque en souriant.

— Idée qui devient pour moi une certitude. Alice, retarde ton mariage jusqu'à ce que les renseignements que je vais faire prendre à Chartres, par une personne adroite et digne de confiance nous aient éclairés sur ce fait... Promets-moi, Alice.

— J'attendrai, répondit la jeune fille, devenue rêveuse.

VIII

Grands évènements.

Ce fut le lendemain de ce dernier entretien d'Hélène avec Alice, que Gaston de Rieux, après une absence de huit jours, revint au château, où il fit son entrée vers les sept heures du soir, pour aller aussitôt s'enfermer chez lui, sans même avoir été visiter sa femme, ni la faire prévenir de son retour.

Il était près de dix heures, lorsqu'un valet se présenta au salon pour prévenir Hélène que son maître la priait de vouloir bien lui accorder un instant d'entretien, et qu'il l'attendait chez lui.

Hélène, qui à ce moment, était seule avec Alice, s'empressa de répondre que, si M. de Rieux avait à lui parler, il pouvait se rendre auprès d'elle, qu'elle l'attendait.

Le valet se retira, et quelques instants après la porte du salon s'ouvrit une seconde fois pour donner entrée au mari qui, de l'air le plus gracieux, vint saluer les deux dames et s'informer de l'état de leur santé.

Alice, qui s'était levée, après avoir rendu le salut qu'elle venait de recevoir, s'empressa de quitter le salon.

— Vous voilà donc de retour, monsieur? fit Hélène.

— Oui, chère amie, enfin! Oh! ce n'est pas sans peine que je suis venu à bout de terminer les nombreuses affaires qui me retenaient éloigné de vous, contre mon gré, bien certainement.

— En vérité, monsieur, je ne puis comprendre qu'une personne comme vous, riche, et qui devrait jouir d'une entière indépendance, soit plus occupée qu'un homme faisant métier d'affaires. Vous me prenez, Gaston, pour plus sotte ou plus crédule que je ne le suis véritablement.

— Quoi, madame, vous douteriez...

— Je ne doute pas, monsieur, interrompit Hélène, je suis certaine que le plaisir seul vous entraîne loin de votre ménage, de votre femme, que vous n'aimez pas et que vous reléguez dans cette campagne, afin de vous débarasser d'elle et de pouvoir, sans contrainte, vous livrer à une vie de débauche et de prodigalité.

— Madame ! fit Gaston avec colère.

— Oh ! je comprends, que ce langage de ma part, auquel je ne vous ai point accoutumé, vous surprenne, mais quelle autre a le droit d'exiger de l'homme, qui n'a épousé une pauvre fille aimante et confiante, que pour s'emparer de son bien, l'abandonner ensuite pour aller porter à des filles de joie, et perdre sur le tapis d'un tripot, la dot qu'elle lui a confiée.

— Telle est votre conviction, madame? répliqua Gaston, tremblant de colère.

— Oui, telle est ma conviction, telles se passent les choses auxquelles je désire mettre un terme le plus tôt possible, reprit Hélène avec sévérité.

— Allons, vous plaisantez, ma chère amie, vous ne pouvez avoir sur moi de pareilles idées, que de faux amis ou de fidèles et vertueuses compagnes vous fourrent dans la tête.

— Je n'ai pas d'ami, monsieur, quant à la fidèle et vertueuse compagne, la seule que je possède, elle seule, loin de chercher à m'indisposer contre vous, est la première à vous défendre; rien, en effet, de plus naturel, de la part d'une maîtresse.

— D'une maîtresse! je ne vous comprends pas, madame, de qui prétendez-vous parler?

— D'Alice, bien certainement.

— Quelle plaisanterie! fit Gaston en souriant.

— Osez donc nier que cette fille n'a pas été votre maîtresse !

— Je le nie, répliqua vivement Gaston.

— Alors, niez donc aussi l'accusation que contient ce papier, fit Hélène, en présentant à son mari la lettre anonyme que Gaston mit en pièces après l'avoir lue.

— Mensonges, mensonges ! fit-il.

— Mensonges, dites-vous ? mais alors vous êtes donc un calomniateur ?

— De grâce, chère Hélène, soyez moins sévère envers une plaisanterie, une étourderie, un point d'amour-propre qu'il me fallait satisfaire et que j'ai contenté moyennant certain petit mensonge.

— Veuillez m'expliquer, monsieur.

— Mon Dieu, rien de plus simple : cette Alice était connue de plusieurs de mes amis qui l'avaient rencontrée dans différentes familles où elle donnait des leçons de musique; un soir de joyeuse réunion autour d'une table couverte de vins exquis dont la fumée nous troublait la cervelle, ces mêmes amis me portèrent un défi, celui d'emporter d'assaut les faveurs de cette fille qu'on vantait en tous lieux comme une vertu rigide, et pour triompher dans cette entreprise, trois jours m'étaient accordés; passé ce temps j'étais un homme deshonoré dans l'art cythérien. J'acceptai, mais le diable qui sans doute voulait me faire niche, cuirassa la belle d'une si forte dose de vertu que tous mes efforts en l'art de plaire et de séduire devinrent infructueux, la fillette tint bon et j'en fus pour mes frais. Dépité, honteux comme un renard pris dans un piége, sachant que mes caustiques amis m'avaient vu pénétrer chez Alice par une fenêtre, je contraignis la belle, malgré ses larmes et ses supplications, à me garder chez elle jusqu'au lendemain; d'où le jour étant venu je m'échappai par le même chemin par lequel j'étais entré, termina Gaston en souriant.

— Sans doute pour aller proclamer votre triomphe, mentir à vos dignes amis? interrogea Hélène.

— Qui me crurent tous heureux et me proclamèrent, à l'unanimité, le séducteur le plus adroit comme le plus fortuné, car ils étaient tous mauvais sujets, plus friands les uns que les autres des charmes de ma prétendue conquête. Ainsi, chère amie, vous voyez combien cette lettre est menteuse et que vous n'avez pas le moindre petit sujet pour en vouloir à votre amie que je proclame à haute voix, la plus solide et la plus sauvage vertu, passée, présente et future.

— Mais en revanche, monsieur, après vous avoir entendu, j'ai le droit de vous dire que vous êtes le plus infâme et le plus lâche des hommes, dit Hélène avec force en levant sur Gaston un regard indigné.

— Malheureuse! s'écria Gaston furieux, en fronçant le sourcil.

— Oh! vous ne m'effrayez pas, monsieur, oui, je vous le répète, il y a lâcheté, infamie, à perdre ainsi la réputation d'une pauvre fille, de la forcer de se courber sous une honte qu'elle n'a pas méritée, de la condamner à un malheur perpétuel! car vous n'ignorez pas que sans vos calomnies, Alice serait aujourd'hui la femme bien-aimée d'un honnête homme, celle de Gilbert qui l'a repoussée avec mépris, le jour qu'une méchante femme, celle dont la main a tracé cette lettre, vint lui dire, Gilbert, cette Alice que tu me préfères, dont tu vas faire ta femme, eh bien, elle est la maîtresse d'un Delmare ; en veux-tu la preuve ? alors interroge les gens qui ont vu pénétrer chez elle, par une fenêtre, l'amant qui l'a flétrie. Gaston, répondez! est-ce que ne voilà pas une vilaine action, un fait qui démontre qu'il n'y avait en vous ni cœur, ni âme, ni honneur !

— Assez, assez, madame ; je ne suis pas venue auprès de vous pour m'entretenir de semblables fredaines et entendre vos gérémiades, mais bien pour vous entretenir de choses sérieuses.

— Monsieur, ce qu'il vous convient de traiter de fredaines est chose grave, car les amies d'Alice s'occupent sans relâche de chercher ce Delmare et s'ils apprenent jamais que c'est vous qui sous ce nom d'emprunt, avez commis l'infamie qu'ils veulent punir, ils vous tueront.

— Ou je les tuerai, répliqua froidement Gaston pour ajouter : Encore une fois laissons ce sujet et écoutez-moi ; j'ai commis la maladresse de répondre pour un de mes amis d'une somme de cent vingt mille francs, que la fuite de cet homme et sa déloyauté me contraignent de payer sous trois jours, et comme je me trouve en ce moment assez gêné moi-même, il est nécessaire, madame que vous m'autorisiez à emprunter cette somme sur l'une de vos propriétés, par exemple, sur cette maison que vous possédez rue de la Chaussée-d'Antin.

— Monsieur, je ne chercherai pas à approfondir s'il est vrai que vous ayez oui ou non répondu de cette somme et si, en cette circonstance votre honneur court quelque risque je vous dirai seulement que c'est à ma mère et non à moi que vous aurez à vous adresser désormais lorsqu'il s'agira d'affaires d'argent.

— A votre mère? à quoi bon, n'êtes-vous pas la maîtresse de disposer de votre bien comme bon vous semble?

— Monsieur, trop jeune, trop inexpérimentée pour comprendre quelque chose aux affaires d'intérêt, c'est entre les mains de madame de Bréville, ma mère, que j'ai déposé mes pouvoirs.

— Vous raillez, madame, et je ne me sens nulle envie de vous imiter. Ces cent vingt mille francs me sont nécessaires, il me les faut, hâtez-vous donc de signer cet acte que j'ai fait préparer d'avance, certain que votre obligeance ne me ferait pas défaut, reprit Gaston avec impatience en présentant à Hélène un papier qu'elle repoussa en disant d'un ton ferme : Inutile monsieur, je ne signerai pas.

— Corbleu ! vous signerez, vous dis-je, répliqua Gaston en s'emparant d'une plume pour la placer de force dans la main de sa femme qui après l'avoir brisée la jeta loin d'elle en s'écriant : je ne signerai pas !

— Prenez garde, madame, ma patience est de courte durée, signez, je vous le conseille, signez, ou !...

— Frappe donc lâche ! tue-moi si tu l'oses, misérable ! fit Hélène d'une voix impérieuse en venant se placer la tête haute sous le bras que Gaston levait sur elle et qu'il baissa subitement pour marcher à grands pas dans la chambre en maugréant tout bas l'insulte et la menace.

— Gaston, reprit la jeune femme, j'aurais

pu pardonner un jour, votre abandon, vos infidélités, mais ce que vous venez de faire là, vous ferme à jamais mon cœur.

Et sans donner le temps à son mari de répondre, Hélène disparut vivement par une porte qu'elle ferma à double tour.

Resté seul, Gaston en proie à une violente colère, se jeta sur un siége en se frappant le front.

— Elle refuse ! elle ose me résister, ah ! malheur, malheur à elle si demain elle ne m'obéit. Sans cette maudite somme comment satisfaire Juana, comment lui donner ce mobilier, c'est demain qu'elle l'exige et que je lui ai promis? Si je ne la satisfais, la coquette est capable de me tourner le dos, de me rendre la risée de toutes ses camarades... oh ! cette femme, combien elle est exigeante, positive, implacable et que ses caresses sont ruineuses... Décidément, il me faut cette somme, il me la faut!... Mais comment décider Hélène? qui m'en enseignera le moyen?... Julian peut-être! fit tout haut Gaston, en se levant vivement pour quitter le salon et d'un pas rapide se diriger vers l'appartement de Julian qu'il trouva couché et en train de lire...

— Ah! ah! te voilà donc de retour enfin, coureur... Çà, comme tu es pâle... serais-tu malade?

— Non, mais je suis furieux! je viens d'avoir une querelle avec ma femme.

— En vérité! et pour quel motif?...

— Comprends-tu qu'elle s'obstine à me refuser sa signature pour une misérable somme de cent vingt mille francs, dont j'ai le plus grand besoin en ce moment?

— Certes, je le comprends... Ecoute, cher, tu es un maladroit; lorsqu'un mari a l'intention de ruiner sa femme, il doit faire en sorte de conserver son amitié et sa confiance, point principal; ensuite, de lui cacher les infidélités qu'il lui fait en arrière, et toi, malheureux, qui fais tout le contraire, tu te permets de venir tendre la main à une femme courroucée, qui sait que tu l'abandonnes pour aller loin d'elle te réjouir et dissiper son bien avec des péronnelles, mais tu es fou, mon pauvre Gaston !

— Assez de tes railleries et dis-moi quel moyen employer pour forcer Hélène de me donner cette somme ?

— Cher, je n'en connais aucun qui soit capable de contraindre une femme à donner ce qu'elle s'est mise en tête de refuser. Il n'y a que l'amour capable d'enfanter chez elle un pareil miracle, et c'est justement l'auxiliaire dont tu t'es privé, en tuant bêtement dans le cœur d'Hélène, celui qui lui avait soufflé le conseil de te donner sa personne et une partie de sa fortune. Après tout, continua Julian d'un ton narquois, je ne suis pas trop fâché de voir la dame te résister, car, mon pauvre ami, du train dont tu y vas, tu serais capable de croquer toute la fortune de ta jolie femme en moins d'un an, enfin, de la ruiner elle et moi, moi surtout, dont tu es le débiteur arriéré.

— Fais en sorte qu'Hélène me facilite les moyens de me procurer la somme que je désire et je te donne un à-compte.

— Hum ! voilà qui est tentant pour moi, qui, à la veille de me marier, ai un extrême besoin d'argent.

— Toi, te marier, dans l'état où tu es, quelle plaisanterie !

— Cher, je ne plaisante pas le moins du monde, sous quinze jours j'épouse Alice Leroux.

— Alice ! tu épouses Alice ? Cette fille alors a donc trouvé un trésor ? fit Gaston avec surprise.

— Elle n'a rien trouvé du tout, cher, mais la pauvre enfant que tu as perdue de réputation, me fait pitié, et comme grâce à toi, elle ne conserve aucun espoir de rencontrer un homme qui consente à ramasser tes miettes, puisque chacun la croit ta maîtresse ; moi, bonne pâte, je tends la main à cette humble fille en lui disant : deviens ma femme et relève la tête.

— Mais, malheureux, est-ce qu'on se marie avec une santé comme la tienne ?

— Pourquoi pas ? Je veux essayer si le contact d'un sang jeune et chaud, ne raviverait pas le mien.

— As-tu réfléchi que tu n'as d'autre fortune que des dettes ? fit Gaston.

— J'ai réfléchi que tu me dois quatre cent mille francs.

— Comment veux-tu que je te les paies jamais si tu ne me viens en aide pour apaiser ma femme et la décider à me confier la gestion de ses biens ?...

— En pareille circonstance je ne puis t'aider que de mes conseils, répondit Julian.

— Que sont-ils ?...

— Aussi sages qu'infaillibles. D'abord, de renoncer à toutes ces femmes qui te retiennent loin de la tienne, de rester chez toi, et là, d'être aux petits soins auprès d'Hélène, de la cajoler, de la mijoter, et de lui répéter à satiété, que tu te repents, que tu n'as jamais aimé qu'elle, enfin, que tu recommences à lui faire la cour comme au temps jadis, et tu réussiras d'autant mieux, mon cher, qu'une femme qui vous a aimé est facile à ramener, surtout lorsque sa colère n'est qu'un dépit jaloux.

— Ton conseil est bon et j'en userai, mais ce n'est pas demain que mes cajoleries auront assez apaisé ma femme pour qu'elle consente à me donner la signature que je lui demande.

— Peut-être! sois bien gentil, bien câlin, tombe à ses pieds, arrose-les, s'il se peut, de quelques larmes que tu t'efforceras d'arracher de tes yeux en y mettant le doigt à la rigueur; supplie, fais ronfler d'énormes serments d'une inébranlable fidélité future, exprime ton repentir en termes énergiques, ensuite, fais-la signer. Moi qui te parle, cher, j'ai employé de ces moyens-là dans des cas plus désespérés que celui où tu te trouves, et j'ai toujours réussi. Parbleu ! vois ce que peut l'éloquence... Cette petite Alice, vertu à collet monté, ne pensait pas à moi, déjà d'un certain âge, à moitié mort, je dirai plus, me sachant ton ami, la chère enfant éprouvait certaine répulsion en ma faveur, eh bien ! j'ai su l'apprivoiser en fort peu de temps, la rendre souple comme un gant et obtenir la promesse de sa main. La comédie, mon cher, la comédie ! termina Julian.

— Demain, je verrai Hélène, j'emploirai les moyens que tu me conseilles, dit Gaston en se levant. A propos, reprit-il, sais-tu que cette damnée Fœdora s'est avisée d'envoyer une lettre anonyme à ma femme, dans laquelle elle me dénonce comme ayant été l'amant d'Alice.

— La sotte! Mais il t'a été facile de te justifier?

— Certes, mais ce fâcheux incident n'a pas moins contribué à indisposer Hélène contre moi, au moment même où j'avais le plus grand intérêt à la trouver en bonnes dispositions.

— Allons, encore un péché, cher, qu'il faudra essayer de te faire pardonner demain, répondit Julian.

Quelques paroles échangées de part et d'autre, et Gaston quitta Julian pour rentrer chez lui où, enfermé dans sa chambre à coucher, il s'empressa de se mettre au lit pour essayer de saisir un sommeil qui fuyait sa paupière.

L'époux d'Hélène passa cette nuit sans clore la paupière, et à composer le rôle très pathétique qu'il comptait jouer auprès de sa femme.

Ce fut donc bien pénétré de son sujet, que Gaston se jeta en bas du lit dès les six heures du matin.

— Non, elle ne pourra résister à mes larmes, à mes douloureuses supplications. car Hélène est une adorable créature, un cœur d'or qui certes, mérite un autre mari que moi... Oui, c'est une excellente créature que ma femme, qui ne possède qu'un ridicule, celui de vouloir que son époux lui soit fidèle et se refuse à comprendre que la constance dans la nature est une monstrueuse anomalie... Décidément, j'ai eu tort, grand tort, de m'emporter comme je l'ai fait hier; j'aurai peine, je crois, à me faire pardonner ce diable de geste, tant soit peu brutal, que j'ai sottement risqué... Et cette lettre de Fœdora, tombée si mal à propos, et dans quel but, je le demande? Cette femme ne peut cependant pas m'en vouloir, ayant été sans cesse d'une politesse de cour à son égard. Je la verrai, il me faut avec elle une explication à ce sujet.

Ainsi disait Gaston en vaquant à sa toilette du matin, négligé coquet et de bon goût.

Il n'était encore que sept heures, pouvait-il se présenter chez sa femme d'aussi grand matin, sans risquer de la réveiller, de la contrarier, peut-être?

— Attendons encore, se dit-il... Huit heures! c'est l'instant du lever d'Hélène, celui où elle descend faire sa promenade au parc.

Cela dit, Gaston se dirige vers la chambre à coucher de sa femme, sur la porte de laquelle il frappe discrètement, sans obtenir de réponse, Gaston recommence, même silence, et impatient, il tourne la clé et entre.

La chambre est vide.

— Déjà sortie... Elle est au jardin, sans doute?

Et pour s'en assurer, Gaston agite une sonnette.

C'est un valet qui se présente et non la femme de chambre.

— Où est madame?

— A Paris, monsieur.

— Comment à Paris... quand est-elle partie?

— Hier soir, à dix heures, accompagnée de mademoiselle Leroux et de la femme de chambre... Monsieur n'a donc pas lu la lettre que madame a déposée elle-même sur le bureau de son cabinet?

— Une lettre, c'est bien! fit Gaston brusquement, pour ensuite se rendre dans son cabinet, y prendre la lettre, en briser le cachet avec colère et lire les lignes suivantes :

« Monsieur, vous avez osé lever la main sur moi, cette action est infâme! je ne l'oublierai et ne vous la pardonnerai jamais. Il ne vous manquait plus que de battre votre femme pour mettre le comble à tous les chagrins que vous lui avez fait endurer jusqu'à ce jour. Comme il ne me plaît pas de voir dissiper ma fortune en de folles orgies et devenir le salaire de vos maîtresses, je vous refuse l'argent que vous me demandez; comme il ne me plaît pas encore d'être, non-seulement ruinée par vous, et de devenir la victime de votre brutalité, je vous quitte pour me réfugier sous la protection de ma mère, en attendant que la justice ait prononcé la séparation que je vais lui demander. Ma volonté est inébranlable, c'est vous dire que vous tenteriez en vain de me ramener à vous.

HÉLÈNE DE BRÉVILLE. »

Gaston, pâle et tremblant, la colère au cœur, jure, tempête, se déchire la poitrine.

— Partie ! une séparation ! ma ruine !...

Et quel scandale! Oh! non, c'est impossible, il faut qu'elle renonce à ce projet, qu'elle revienne... Écrivons, d'abord...

Gaston se place à son bureau, commence dix lettres d'une main tremblante et les déchire les unes après les autres.

— Impossible d'écrire! la colère m'étouffe, s'écrie-t-il, en jetant au loin la plume pour prendre sa tête dans ses deux mains et s'enfoncer dans ses réflexions.

Hélène, la veille, après s'être enfuie du salon afin de se soustraire aux menaces d'un époux furieux, s'était réfugiée chez Alice qui, la voyant entrer chez elle, pâle, tremblante et se jeter en larmes sur un siége, s'était empressée de courir à elle, de l'entourer de ses bras et de l'interroger sur la cause de la douleur profonde à laquelle elle la voyait en proie.

— Alice, nous allons à Paris dès ce soir, je quitte M. de Rieux et retourne chez ma mère où nous vivrons toutes deux.

— Mon Dieu ! que signifie tout cela, et pourquoi cette détermination ? s'était vivement informé la jeune fille.

—Alice, sur le refus que je faisais à M. de Rieux de me laisser dépouiller de mon bien pour enrichir ses maîtresses, cet homme a osé m'adresser d'outrageantes paroles et de lever la main sur moi.

— Grand Dieu ! fit Alice effrayée.

— Amie, je ne resterai pas une heure de plus sous le toit qu'habite cet indigne mari. Tandis que dans deux lignes je vais lui faire part de ma résolution, dispose-toi à partir.

—Chère et bonne Hélène, avant d'accomplir cet acte que t'inspire l'indignation, donne à ce douloureux sentiment le temps de se calmer... Amie, la colère est une mauvaise conseillère... Réfléchis, te dis-je. M. de Rieux est vif, emporté, l'insulte qu'il t'a faite est peut-être indépendante de sa volonté, et le repentir répare bien des fautes.

—Alice, cet homme est un misérable, si je lui pardonnais le geste aussi audacieux qu'insultant, qu'il s'est permis envers moi, demain, si je refusais de nouveau de pourvoir à ses prodigalités, il me frappera, plus tard il me tuera. Crois-moi, un être semblable est capable de tout... Partons, Alice, partons!

— Hélène, je te suivrai, car tu es ma sœur, mon ange tutélaire; mais, dis-moi: me conseilles-tu, par politesse, d'avertir M. Julian de l'absence que nous allons faire?

— Alice, tu viens de me nommer ta sœur; me regardes-tu comme telle, sérieusement?

— Oh, oui! ma sœur chérie, répliqua la jeune fille en s'agenouillant devant Hélène, sur qui elle fixait son regard avec une sainte admiration.

— Eh bien! puisque je suis ta sœur de par mon droit d'aînesse, enfant, je t'ordonne de renoncer à ton union avec ce Julian, ce digne ami de M. de Rieux, je te commande d'oublier cet homme, qui ne peut être qu'un misérable, qui ferait le malheur de ta vie, s'il échappait au mal dont il est atteint.

— Mais, Hélène, il a ma parole.

— Alice, je te défends d'épouser M. Julian ! répéta Hélène d'une voix impérieuse, devant laquelle Alice courba la tête et resta muette.

Trois quarts d'heure ayant suffi pour les préparatifs nécessaires au départ d'Hélène et d'Alice, toutes deux, accompagnées d'une femme de chambre, quittèrent le château par une petite porte du jardin, et se rendirent pédestrement à Marly où les reçut une voiture de louage qui les emporta vers Paris, où elles arrivèrent à la première heure du matin.

— Chère fille, ce qui arrive aujourd'hui ne me surprend pas, je te l'avais prédit et tu as rejeté les conseils de ta mère, disait madame de Bréville à Hélène en larmes et assise près de son lit.

— Ma mère, il faut m'arracher au pouvoir de cet homme, me soustraire au malheur qu'il me réserve, répondit Hélène, les mains jointes, le regard suppliant.

— Telle est mon intention, chère enfant, et mon plus grand désir depuis que je te sais malheureuse, trompée, abandonnée et pour t'affranchir d'un joug aussi fatal, j'attendais que ta bouche vînt me le demander.

Comme madame de Bréville terminait ces mots, Alice se présenta dans la chambre et voyant la mère et la fille en conversation, elle allait se retirer discrètement lorsque la dame qui l'avait aperçue, s'empressa de l'appeler.

— Viens près de nous, Alice, tu es aussi ma fille, viens, car nous ne devons pas avoir de secret pour toi.

Alice s'approcha et madame de Bréville l'attira à elle pour lui donner le baiser d'une mère.

Tandis que ces trois amies réunies, mêlaient leurs larmes et s'efforçaient de se consoler par de douces paroles, Guillaume le menuisier, revêtu de ses habits du dimanche quittait son domicile après avoir embrassé sa femme pour aller gagner l'embarcadère de Saint-Germain.

Grâce à la vélocité de ce casse-cou intitulé chemin de fer, Guillaume ayant en fort peu de temps franchi la distance, traversa la ville de Saint-Germain pour descendre la vieille route et atteindre Marly.

La neuvième heure du matin sonnait à l'église du bourg, Gilbert, toujours triste et souffrant, se disposait à ce moment de quitter son atelier pour se rendre dans une partie de la forêt et se livrer à l'étude la journée entière, tout en rêvant solitairement à ses amours malheureuses.

Richard devait rester au logis où le retenait un travail dans lequel il voulait apporter tout son art et ses soins.

Nos deux artistes allaient donc se séparer, et Gilbert déjà chargé de sa boîte et de ses pinceaux pressait la main de son ami lorsqu'un coup de sonnette venant de la porte de la rue leur annonça un visiteur.

— N'est-ce pas ici que demeurent deux

messieurs nommés Gilbert et Richard?
s'informa en se présentant un jeune homme
à la mine honnête et réjouie.

— Ici même et vous voyez en nous les sus-
dits personnages demandés, répondit Richard en introduisant le visiteur dans l'atelier.

— Moi, messieurs, je me nomme Guillaume, menuisier de mon état, vous ne me
connaissez pas mais c'est tout de même.

— Nous vous connaissons, monsieur,
ainsi que votre excellente femme, mais de
réputation seulement, oui, nous savons que
vous êtes des gens honnêtes et généreux...
Asseyez-vous donc, monsieur Guillaume, et
soyez le bienvenu chez Gilbert et chez moi.

— Ah! ah! on ne m'a pas trompé non
plus, quand on m'a dit que vous étiez deux

bons enfants, reprit l'ouvrier, quant aux bonnes choses qu'on vous a débitées sur le compte de Thérèse et sur le mien, je sais de quelle bouche vous le tenez; de celle de l'excellente mademoiselle Alice Leroux, n'est-ce pas?...

— C'est ça même, mon cher ami, d'une bonne fille reconnaissante du bien que vous lui avez fait. Mais asseyez-vous, monsieur Guillaume. Ah çà, vous arrivez de Paris et vous n'avez pas déjeûné, s'informa Gilbert.

— Faites excuse, à Saint-Germain.

— Mais vous accepterez bien de vider un flacon avec nous?

— Cela ne se refuse jamais, et tout en trinquant je vous ferai part de la chose qui m'amène chez vous, laquelle concerne mademoise Alice; mais une chose qui certes n'est pas mince et mérite attention, c'est Thérèse ma bonne femme qui m'a dit comme ça : Mon homme, il ne s'agit pas d'aller tout de suite parler de cette découverte à cette belle mademoiselle Leroux, mais bien d'abord de te consulter avec M. Gilbert et son ami M. Richard, qui te diront comment il faut s'y prendre, quand tu leur auras raconté de quoi il s'agit; puis là-dessus je me suis mis en route et me voilà.

— Diable! mais vous piquez notre curiosité, mon cher ami, à votre santé et maintenant nous vous écoutons, fit Richard après avoir versé rasade.

Là-dessus Guillaume de vider son verre pour ensuite raconter son voyage et sa visite à la ferme à Creteil, sa rencontre avec Jérôme, et la trouvaille faite par ce dernier des deux lettres, de change.

— Voilà une singulière et horrible découverte, fit Gilbert après avoir écouté.

— Et ces lettres de change vous les avez? demanda Richard.

— Certes! je vous les apporte...Les voilà; répliqua Guillaume en sortant les papiers de son portefeuille pour les étaler sur la table. Dame, elles ne sont pas en trop bon état, mais elles n'en existent pas moins... Lisez les signatures... Gaston de Rieux, et plus bas, Julian de Langenais.

— En effet! dit Richard tout en pâlissant et en fixant sur Gilbert un regard où se peignait la surprise.

— Et vous présumez que ces deux hommes auraient été assez infâmes pour noyer

M. Leroux afin de s'emparer de ces valeurs dont il était nanti? fit Gilbert.

— Jérôme et moi, en sommes certains, et pour mon compte, je serais diablement curieux de savoir si, par hasard, chose que j'ai bien de la peine à croire, ce Gaston de Rieux qui a signé ces papiers ne serait pas celui chez qui loge en ce moment mademoiselle Alice? répondit Guillaume.

— Ce doit être lui, dit vivement Gilbert.

— Écoutez, Guillaume, reprit Richard d'un ton sérieux, vous êtes un honnête homme et vous allez me comprendre; monsieur Gaston de Rieux peut être coupable, et en ce cas mériter la punition que la loi impose aux criminels, mais cet homme est l'époux d'une femme douce et vertueuse, qui est l'amie d'Alice dont elle est la bienfaitrice... Faut-il que cette femme si digne d'intérêt, et que le mari dont elle a fait la fortune, délaisse et rend malheureuse, faut-il, dis-je, à l'amertume qui désole son excellent cœur, ajouter la honte de se savoir l'épouse d'un assassin et d'un voleur ?

— Monsieur Richard, je comprends ça et je serais bien peiné de me voir forcé de faire de la peine à cette bonne dame, mais cependant mademoiselle Alice, par égard pour ces gueux-là, ne peut cependant pas perdre la petite fortune qui lui revient de son père ? Ensuite, il y a encore ce Julian de Langenais qui n'a, dit-on, ni femme ni enfant qui parlent en sa faveur, et que j'aurais grand plaisir à faire pincer.

— Veuillez observer, Guillaume, que de

dénoncer Julian, c'est perdre Gaston avec lui, dit Richard.

— Ainsi, votre avis serait de laisser ces deux coquins en repos jouir impunément du produit de leur crime, et dépouiller l'orpheline? Non pas, morbleu, non pas! s'écria Guillaume en frappant sur la table.

Prenez garde, monsieur, car pour accuser aussi hautement ces deux hommes, il faut être certain qu'ils sont les auteurs de ce crime, et rien encore ne le prouve, observa Richard.

— Faites excuse, monsieur, ces deux coquins n'accompagnaient-ils pas M. Leroux lors de sa visite à la ferme? Ne sont-ce pas eux qui ont sur la brune conduit le cher homme du côté de la marnière où certes rien ne les appelait à pareille heure? N'étaient-ils pas les débiteurs du père de mademoiselle Alice, ainsi que le prouvent leurs signatures sur ces papiers timbrés, qu'ils n'ont pas payés, puisque l'acquit du défunt ne s'y trouve pas? Lors de leur déclaration devant les autorités, ont-ils parlé de ces papiers; expliquez pourquoi ils les ont déchirés? Non! toujours non! puis encore, avaient-ils intérêt à tuer le brave homme, afin de s'emparer des titres dont il était porteur? Oui. Maintenant, messieurs, si vous trouvez que tous ces faits ne soient pas des preuves, comment les intitulerez-vous?

— De graves présomptions, monsieur Guillaume, dit Gilbert.

— Alors nous ne courons aucun risque en les faisant arrêter, s'ils s'avisent d'hésiter le moins du monde à restituer à mademoiselle Alice l'argent que leur a prêté son père. Qu'ils paient, et je consens après qu'ils aillent se faire pendre ailleurs.

— Vous avez raison, Guillaume. Allons ensemble trouver ces hommes au château. Toi Richard, demeure ici, je devine ce qui se passe en toi, mais compte sur ma prudence pour épargner une nouvelle douleur à celle à qui tu penses en ce moment.

— Gilbert, je t'accompagne, répondit Richard en se levant.

— Reste, te dis-je, il y va de ton intérêt, de ton bonheur à venir peut-être... Reste, je le veux.

— Va donc, mais prends garde, Gilbert, ces deux hommes sont dangereux.

— Nous sommes deux aussi, Richard.

Cela dit, Gilbert entra dans un cabinet d'où il sortit un instant après, armé de deux paires de pistolets dont il en remit une à Guillaume.

— Bonne précaution! fit le menuisier en fourrant les deux armes dans les poches de son pantalon, cela à l'exemple de Gilbert.

Ils partent, Richard les regarde s'éloigner, puis les voyant disparaître derrière un coude que formait la route, notre statuaire s'empresse de quitter la maison pour suivre leurs traces. Gilbert sait que Gaston, de retour de Paris, est en ce moment au château où il se présente accompagné de Guillaume, il en connaît les êtres, et sans parler aux valets qui le saluent au passage, notre peintre, toujours suivi de son compagnon, marche droit à l'appartement du maître. Tous deux longeaient un couloir étroit lorsqu'en passant devant une porte, Gilbert crut entendre la voix de Gaston qui se disputait avec une personne dont le langage lui fit de même reconnaître Julian.

— Le hasard nous protège, nos deux hommes sont dans cette chambre, dit-il à Guillaume.

— Entrons alors, fait le menuisier en portant la main sur la clé, mais que le peintre s'empressa de retenir en lui disant: Ami, auparavant écoutons un peu ce qui se dit là-dedans où l'accord semble peu régner. La colère est indiscrète et fait souvent profiter l'écouteur.

— Vous avez parbleu raison, répondit

Guillaume en appliquant son oreille sur la porte.

— Encore une fois, je te le répète, sa tante est morte sans tester, et par ce fait, Alice, son unique parente, hérite aujourd'hui d'une fortune considérable. Penses-tu que je me serais entêté à vouloir épouser cette petite, si d'avance je n'avais prévu cet heureux évènement ? Çà ! par hasard, cher me crois-tu assez sot pour devenir sérieusement amoureux à mon âge, disait à ce moment Julian à Gaston, qui, le dos appuyé contre une cheminée et d'un air soucieux et contrarié, semblait l'écouter à peine.

— Je ne le suppose pas, car le sentiment de l'amour ne pourrait trouver place dans un cœur aussi positif que le tien. Épouse donc cette fille puisqu'elle est assez sotte pour se prendre à ta glue, sois riche et donne-moi la paix, répondit Gaston avec brusquerie.

— Si j'épouserai, certes, et le plus tôt possible, mais, comme je te le disais tout à l'heure, Alice exige, avant d'en terminer, que tu signes une rétractation concernant la calomnie que tu as répandue sur son compte, dans laquelle enfin tu déclareras en avoir menti en disant qu'elle a été ta maîtresse; plus, que c'est contre sa volonté que tu as osé pénétrer chez elle par sa fenêtre; enfin que la prétendue nuit d'amour que tu as passée dans ses bras, n'a été autre pour toi qu'une nuit d'ennui, de solitude et de mystification, tout cela étant de la plus exacte vérité, surtout cher, pour que ladite réparation soit en règle, aie soin de la signer Gaston, dit Delmare.

— Et à quoi bon cette rétractation ? quel parti prétend-elle en tirer, puisque tu consens à l'épouser en dépit du péché que pour me venger de ses dédains, je lui ai attaché au front.

— Ce qu'elle veut en faire, je l'ignore, mais elle y tient, répondit Julian.

— Double niais ! ne devines-tu pas que cette exigence de femme n'est qu'un piége qu'elle te tend pour se justifier auprès de son ancien amant, de ce Gilbert qu'elle aime encore ?

— Je ne le pense pas... Écris toujours.

— Je n'ai pas le temps, je pars à l'instant même pour Paris, rejoindre Hélène et la ramener de gré ou de force.

— Écris, te dis-je, je le veux, fit Julian d'une voix impérative.

— Ah! tu le veux!... d'où tiens-tu le droit de me parler en maître ?

— Allons, point de récrimination, obéis, te dis-je, je veux ce papier à l'instant même.

— Julian, tu es un misérable!

— J'avoue que je ne suis pas un saint, mais un entêté très volontaire.

— L'obstination que tu mets à posséder cette rétractation me fait soupçonner quelque nouvelle fourberie de ta part, dirigée contre moi et de laquelle je ne puis me rendre compte.

— Tu es fou! mon cher garçon! quoi diable puis-je espérer de toi, un être incapable, dépourvu d'intelligence qui, sans mon génie qui est venu à ton secours, ne serait encore qu'un vulgaire chevalier d'industrie, un escroc de bas étage dont j'ai fait la fortune ; un drôle enfin que d'un mot je puis faire rentrer dans la fange d'où je l'ai sorti.

— Assez, assez, mille dieux ! si je n'avais pitié des quelques jours qui te restent à vivre, je te briserais le crâne, misérable assassin ! s'écria Gaston, en s'avançant furieux et menaçant vers Julian qui, assis dans un fauteuil, le contemplait de sang-froid.

— Voyons, voyons, cher, pourquoi faire ainsi le méchant et me jeter à la face des épithètes impolies ? Est-ce que je m'amuse, moi, à t'appeler mon complice ? Ce pauvre Leroux s'est laissé choir dans une marnière... Il est peut-être possible que par mégarde j'aie donné un coup de coude à ce brave homme et, par cette maladresse occasionné sa culbute, mais ne me suis-je pas empressé de courir à son secours et de repêcher les deux lettres de change que nous lui avions souscrites, et dont il était nanti ? Tiens, cher, tu n'es qu'un ingrat. Soit dit entre nous deux.

— Dites entre nous quatre, misérable ! puisque cachés derrière cette porte, monsieur et moi nous venons d'entendre l'aveu de vos infamies, fit Gilbert en entrant dans la chambre, suivi de Guillaume.

A cette apparition inattendue, Gaston et Julian demeurèrent interdits, et la pâleur s'empara de leur visage.

— De quel droit osez-vous pénétrer ainsi chez moi? fit Gaston d'un ton impérieux.

— Nous allons vous expliquer la chose, mes petits gentilshommes, dit Guillaume; nous venons, aux lieu et place de ma demoiselle Alice Leroux, vous demander le paiement de deux lettres de change dont nous sommes porteurs, lesquelles ont été souscrites par vous au profit du sieur Leroux, que vous avez volé, après l'avoir précipité dans une marnière, ainsi que vous venez d'en convenir mutuellement, nous témoins, cachés derrière cette porte.

— Nous nions les faits ainsi que les susdites lettres de change, qui n'ont jamais existé, dit Julian avec aplomb.

— Messieurs, les faits nous les prouverons devant la justice lorsqu'il en sera temps. Quant aux lettres de change, les voilà toutes deux, reprit Gilbert en dépliant les susdites pour les montrer à Gaston ainsi qu'à Julian, qui tous deux demeurèrent stupéfaits et silencieux.

— Allons, pas tant de façons ! en avant deux cent dix mille francs, et nous nous taisons, autrement, gare la bombe !

— Nous attendons, messieurs ; payez, si mieux vous ne préférez que nous ne chargions la justice d'opérer ce recouvrement, reprit Gilbert.

— Ces valeurs ont été déchirées après avoir été acquittées dit Julian.

— Vous mentez, misérable assassin ! vous mentez ! s'écria Gilbert.

— Malheureux ! si tu ne sors à l'instant,

je te tue comme un chien! fit Gaston furieux en s'avançant sur Gilbert.

— Halte là, gredin, ou je te fais sauter la cervelle, dit Guillaume en présentant les deux canons de ses pistolets, devant lesquels Gaston et Julian reculèrent interdits.

— Payez, mes amis, et plus vite que ça, puis vous irez ensuite vous faire pendre où bon vous plaira, reprit le menuisier.

— Quant à moi, je n'ai pas le premier sou, et il m'est impossible de rien payer; mais voilà mon ami Gaston de Rieux qui me doit quatre cent mille francs et remboursera pour moi, dit Julian.

— Je suis sans argent en ce moment, accordez-moi du temps, et je paierai, répliqua froidement Gaston.

A ce moment, Richard, qui avait suivi Gilbert et Guillaume, parut sur le seuil de la porte, où il demeura les bras croisés et le regard fixé sur Julian et Gaston, dont sa présence ne fit que d'augmenter le trouble et la frayeur qu'ils s'efforçaient de dissimuler.

— Tu entends, Richard, ces hommes s'avouent être des voleurs et des assassins, l'un charge l'autre de rembourser pour lui l'argent qu'ils ont volé ensemble: l'autre promet de payer, mais il n'en fera rien. Richard, continua Gilbert en indiquant Gaston du doigt, tu vois cet homme? eh bien! c'est lui l'auteur des souffrances que j'endure, c'est lui qui, sous le nom de Delmare, a essayé de séduire, de déshonorer Alice et, ne pouvant triompher de la vertu de cette sainte fille, a été assez lâche pour la calomnier en la disant sa maîtresse. Maintenant, ajouta le peintre, regarde cet autre qui, déjà châtié par le ciel, se meurt du mal qui le dévore, et dans les yeux duquel brille en ce moment une sanglante fureur qu'il assouvirait sur nous s'il en avait la force ou le pouvoir. Eh bien ! cet homme, ce Julian de Langenais, instruit, je ne sais comment qu'Alice devait hériter de la fortune d'une tante, élevait ses vues sur elle et voulait en faire sa femme, afin sans doute de lui voler sa fortune et de la répudier ensuite. Ainsi, après avoir tué le père, ce scélérat ne reculait pas devant l'infamie d'offrir à la fille sa main teinte du sang de l'auteur de ses jours. Penses-tu, ainsi que moi, Richard, que ces deux hommes peuvent être absous par le tribunal devant lequel nous allons les traîner?

— Mon avis, à moi, est qu'ils seront raccourcis tous les deux le plus gentiment du monde, dit Guillaume avec une brusque franchise, paroles qui terrifièrent Gaston de Rieux.

— Quoi! vous seriez assez cruel pour me dénoncer? Mais je ne suis point coupable, moi! Le véritable meurtrier, c'est lui, s'écria Gaston en indiquant Julian, qu'une crise douloureuse, provoquée par l'émotion, la colère et la crainte, tenait renversé sur un siége, pâle et sans mouvement.

— Monsieur, il n'est pour vous qu'un seul moyen de vous soustraire au châtiment déshonorant qui vous menace, c'est la mort! En detruisant mon bonheur par vos calomnies, vous avez certes, mérité de mourir de ma main, mais je rougirais de me battre avec un homme tel que vous. Réfléchissez que la peine dont la loi punit vos crimes est l'échafaud ou les galères à perpétuité ; nous consentons de vous soustraire à ces supplices infamants, mais à la seule condition que vous vous brûlerez la cervelle.

— Me tuer ! oh ! non ! ayez pitié de moi ! laissez-moi la vie, et je vous promets de fuir, de quitter la France, où vous n'entendrez jamais parler de moi, s'écria Gaston suppliant.

— C'est ça, pour aller faire de nouvelles farces chez les étrangers ; beau cadeau, ma foi ! que nous leur ferions là... Tenez, acceptez la proposition que vous fait M. Gilbert, c'est ce que vous avez de mieux à faire, à moins qu'il ne vous plaise mieux de faire connaissance avec la guillotine ou d'aller traîner le boulet à Toulon... Allons, dépêchez-vous de choisir, ou, foi de Guillaume, qui est mon nom, je vous fais empoigner à l'instant même.

— Ainsi, nulle pitié à attendre de votre part? demanda Gaston, que la peur rendait fou.

— Aucune! répliqua Guillaume.

— Donnez-moi donc une arme alors, car je n'en ai pas, reprit Gaston, la tête perdue en courant à travers la chambre.

— Un moment! s'écria Richard en retenant Gilbert, qui présentait un de ses pistolets à Gaston, cet homme pourrait le tourner contre l'un de nous, ou s'il se tuait ici, en notre présence, son ignoble complice ne manquerait pas de nous accuser de ce meurtre...

— Corbleu ! que de façons ! Rien de plus facile à arranger. Appelons en témoignage la valetaille de ce château devant laquelle il s'éternuera l'existence, dit Guillaume en sautant sur les sonnettes, au bruit desquelles accoururent trois domestiques, que Richard arrêta sur le seuil de la porte.

— Donnez donc ! s'écria alors Gaston en tendant la main pour prendre un pistolet avec lequel il se précipita dans un cabinet.

Une explosion se fit aussitôt entendre.

Les valets effrayés se dirigèrent vivement vers le cabinet, où ils aperçurent leur maître étendu sur le parquet et baigné dans son sang.

A cet épouvantable spectacle, ils reculent épouvantés, mais Gaston qui respire encore, leur fait signe d'approcher, ainsi qu'aux trois jeunes gens groupés devant la porte.

— Je meurs de ma propre volonté, murmura-t-il d'une voix faible, dites à Alice qu'elle me pardonne... Priez Dieu pour moi qui me repends... Je... veux...

Gaston ne put en dire davantage, la mort venait de poser sa main sur lui.

Les valets relevèrent le cadavre et le déposèrent sur un lit.

Durant cette scène, Julian s'était enfui, on le chercha dans le château à Paris, mais toutes les recherches furent infructueuses.

— Avec tout cela, observa Guillaume à Gilbert et à Richard, après avoir quitté le château, cette bonne demoiselle Alice perd ses deux cent mille francs.

— D'accord, mais elle y gagne un bon mari dans notre ami Gilbert, répliqua Richard.

— Çà, monsieur Gilbert, vous allez dire que je suis un tantinet curieux, mais je voudrais bien connaître la raison pourquoi vous n'avez pas voulu que M. Richard soit des nôtres dans l'expédition que nous venons de faire, ce qui ne l'a cependant pas empêché de nous suivre et de se poser en simple spectateur ?

— Mon cher monsieur Guillaume, puisque vous voilà de nos amis, et pour longtemps, je pense, j'ajourne à un an la réponse à la demande que vous m'adressez, si d'ici là, vous ne l'avez pas devinée.

— Suffit, monsieur Gilbert, je rengaîne la susdite et j'attendrai.

Ces dernières paroles s'étaient dites en arrière de Richard, qui marchait un peu en avant, silencieux et rêveur.

— Richard, disait le même soir Gilbert, Hélène est libre, tu l'aimes, ami, à toi la douce tâche de te faire aimer d'elle, et pour cela, retournons à Paris.

Le lendemain, les deux amis quittaient Marly pour rentrer dans leur domicile de Paris, et ce même jour, tous deux se présentaient chez madame de Bréville.

Hélène, instruite dès la veille de la mort de son mari, s'était retirée en compagnie d'Alice, dans un appartement reculé de l'hôtel, afin de s'y recueillir et de verser en silence et sans témoin, autre que son amie, les larmes que son âme noble et généreuse donnait à la mémoire d'un homme qu'elle avait aimé.

Cet homme ne l'avait pas rendu heureuse; par l'ingratitude et l'abandon il avait payé son amour et ses bienfaits, mais le cœur de la jeune femme se faisait un devoir, devant une tombe ouverte, d'oublier et de pardonner.

Ce fut donc seuls, avec madame de Bréville, dont ils recevaient le plus aimable accueil, que Richard et Gilbert déroulèrent en son entier l'affreux drame dont le dénoûment avait eu lieu la veille, et duquel Gaston et Julian étaient les acteurs principaux.

Ce ne fut pas sans pâlir ni trembler, que la dame avait écouté le récit de ces funestes évènements, pour s'écrier ensuite avec terreur et les larmes aux yeux :

— Hélas! ma fille, la femme d'un meurtrier. Ah! ce monstre aurait tué de même ma pauvre enfant! Merci, vous qui êtes ses sauveurs, vous qui, en lui rendant la liberté, lui sauvez encore l'honneur. Merci, et que Dieu vous récompense comme je vous bénis.

CONCLUSION

Trois mois après ces évènements, Gilber devenait l'heureux époux d'Alice, riche de cinq cents mille francs par le décès de sa tante, morte empoisonnée par la mère de Julian.

Après une année de soin, de prévenances et d'adoration, Richard, à son tour, obtenait la précieuse récompense qu'il ambitionnait, car Hélène, dont il avait su conquérir le cœur et la confiance, devenait sa femme bien-aimée.

Guillaume et Thérèse, qui avaient trouvé dans Richard et Gilbert des banquiers généreux et faciles, étaient devenus de gros entrepreneurs et prospéraient à vue d'œil.

Fœdora, après avoir oublié notre jeune peintre s'était livrée à d'autres amours, tant et si bien, que son mari, l'ayant surprise en péché d'adultère, s'était empressé de la chasser du toit conjugal.

Quant à Julian, il n'avait survécu que de

trois semaines à son ami Gaston de Rieux, cet homme était mort, étouffé par la pulmonie, dans une auberge de village, située à quelques lieues de Paris.

FIN

TABLE DES CHAPITRES.

		Pages
Chap.	I. Déception.	1
—	II Le Château et l'Hôpital.	25
—	III. Une heureuse rencontre.	67
—	IV. Au château.	93
—	V. Une demande en mariage.	141
—	VI. La pêche de Guillaume.	187
—	VII. Où Fœdora fait encore des siennes.	225
—	VIII. Grands évènements.	267
	Conclusion.	333

FIN DE LA TABLE.

Fontainebleau. — Imp. de E. Jacquin.

JEANNE DE LA TREMBLAYE

par Xavier de Montépin, 3 vol.

Cet ouvrage est terminé et complète la série publiée par M. de Potter sous les titres de La Reine de Saba, — l'Épée du Commandeur, — Mademoiselle Lucifer, — les Amours de Vénus et le Château des Fantômes.

L'ÉTÉ DE LA SAINT-MARTIN

Par Alfred de Gondrecourt.

2 vol. (ouvrage complet et inédit).

Fontainebleau, imp. de E. Jacquin.

www.ingramcontent.com/pod-product-compliance
Lightning Source LLC
Chambersburg PA
CBHW050756170426
43202CB00013B/2450